アンネ・フランク

「隠《かく》れ家《が》」で日記を書き続けた少女

キャロル・アン・リー 著
橘高弓枝 訳

Anne Frank

目《もく》次《じ》

はじめに—— 4

アンネ・フランクが生きた時代《じだい》のヨーロッパ —— 8

第1章　フランクフルトからアムステルダムへ —— 15

第2章　のんきな学校生活 —— 35

第3章　すべてが禁《きん》じられて —— 59

第4章　隠《かく》れ家《が》での暮《く》らし —— 91

第5章　逮捕《たいほ》 —— 119

第6章　アンネの日記 —— 151

訳者《やくしゃ》あとがき —— 174

アンネ・フランクの生涯《しょうがい》と世界《せかい》の動《うご》き —— 182

はじめに

「さあ、あなたのお嬢《じょう》さんの形見《かたみ》です。」

一九四五年七月のある日、ミープ・ヒースはオットー・フランクに向《む》かってこういうと、赤と白のチェックの日記帳《にっきちょう》をさしだしました。

ミープはオットーの会社で働《はたら》く女性社員《じょせいしゃいん》でした。オットーと彼《かれ》の家族《かぞく》が強制収容所《きょうせいしゅうようじょ》に送《おく》られたあと、ミープは隠《かく》れ家《が》で見つけた『アンネの日記』をたいせつに保管《ほかん》していたのです。アンネがもどってきたとき、本人にかえすつもりでした。

けれど、アンネは収容所《しゅうようじょ》で亡《な》くなってしまいました。そこでミープは、日記をアンネの父、オットーへの形見《かたみ》として手わたしたのです。

こうして、『アンネの日記』は、オットー・フランクへの形見《かたみ》となったばかりでなく、世界中《せかいじゅう》の人たちにとっても貴重《きちょう》な財産《ざいさん》となりました。『アンネの日記』を読んだ人々は、自分自身《じぶんじしん》の考えや感情《かんじょう》をことばにして書きあらわすアンネの才能《さいのう》に、すっかり魅了《みりょう》されました。わたし自身《じしん》も『アンネの日記』に深《ふか》い感銘《かんめい》をうけ、年齢《ねんれい》のわりにはかしこくておとなびた少女、アンネに強く心をひかれました。

日記を読みすすむにつれて、アンネがどんなことを考え、どんなふうに感《かん》じているかが、よくわかるようになります。そして、アンネがいっそう身近《みぢか》に感《かん》じられるようになるのです。アンネの家族《かぞく》や友人たち、アンネが「故郷《こきょう》」と呼《よ》ぶオランダのアムステルダムや、彼女《かのじょ》の生き方について知ることもできます。

第《だい》二次世界大戦中《じせかいたいせんちゅう》、アンネ・フランクの一家は、ユダヤ人だというだけで差《さ》別《べつ》され、迫害《はくがい》されましたが、それでも、フランク一家は決《けっ》してくじけず、さまざまな困難《こんなん》に打《う》ち勝《か》ってきました。

本書によって、わたしたちはアンネの生涯《しょうがい》を知ることができます。一九二九年にドイツのフランクフルトで生まれた、「いきいきとした、ごくふつうの少女」が、一九四五年にベルゲン＝ベルゼン強制収容所《きょうせいしゅうようじょ》で短《みじか》い生涯《しょうがい》をとじるまでの足跡《そくせき》をたどることができるのです。

アンネが生まれたころ、ドイツ国内では、国家社会主義《こっかしゃかいしゅぎ》をかかげるナチ（ナチス）が台頭《たいとう》しはじめていました。ユダヤ人に反発《はんぱつ》する空気も広まっていました。ユダヤ人を差別《さべつ》し、追放《ついほう》しようとする動《うご》きが活発《かっぱつ》になるなか、オットー・フランクと妻《つま》のエーディトは、娘《むすめ》のマルゴーとアンネが自由《じゆう》にのびのびと暮《く》らせるように努力《どりょく》しつづけました。フランク夫妻《ふさい》の生き方や行動《こうどう》から、わたしたちは、自分たちの生活を守《まも》ることがどんなに重要《じゅうよう》であるかを教えられるのです。

アンネと姉のマルゴーは、こうした両親《りょうしん》の愛情《あいじょう》に守《まも》られて、子どもらしい純真《じゅんしん》な心を失《うしな》わず、勉学《べんがく》にはげみ、友だちとの交際《こうさい》やあそびを楽しみました。アンネとマルゴーは、友だちや友情《ゆうじょう》や誠実《せいじつ》さがどんなにたいせつなものであるかを、わたしたちに思い出させてくれるのです。

一九三九年から一九四五年までつづいた第二次世界大戦《だいじせかいたいせん》は、ヨーロッパ各地《かくち》をはじめ、世界《せかい》のさまざまな国々に無残《むざん》なつめあとをのこしました。二十一世《せい》紀《き》をむかえたいま、わたしたちはアンネ・フランクの伝記《でんき》から多くを学び、戦《せん》争《そう》のない世《よ》の中《なか》になるよう努力《どりょく》しなければなりません。おさない命《いのち》が尊《とうと》ばれ、憎《にく》しみや差別《さべつ》による犠牲者《ぎせいしゃ》をださないような世界《せかい》にしなければならないのです。

しかし、悲《かな》しいことに、第二次大戦《だいじたいせん》以降《いこう》も、わたしの願《ねが》いが打《う》ちくだかれるような状況《じょうきょう》が生まれています。それでも、希望《きぼう》は捨《す》てません。この本や『アンネの日記』を読んだ人々、あるいは、アンネの人生を知る人々が、アンネに共《きょう》感《かん》し、アンネが自分の理想《りそう》を追《お》いもとめたように、それぞれの理想《りそう》に向《む》かって努力《どりょく》しつづけることを望《のぞ》んでやみません。

ダイアン・ルイーズ・ジョーダン
（ジャーナリスト／アンネ・フランク信託基金後援者《しんたくききんこうえんしゃ》）

アンネ・フランクが生きた時代《じだい》のヨーロッパ

アンネ・フランクは、一九二九年にドイツで生まれました。そのころのドイツでは、「ナチ（ナチス）」の略称《りゃくしょう》で知られる国家社会主義《こっかしゃかいしゅぎ》ドイツ労働者党《ろうどうしゃとう》が台頭《たいとう》しはじめていました。アドルフ・ヒトラーの率《ひき》いるナチは、偏見《へんけん》にみちた過激《かげき》な思想《しそう》をもっていました。ユダヤ人をはじめ、黒人、ロマ(ジプシー)、心身障害者《しんしんしょうがいしゃ》、同性愛者《どうせいあいしゃ》などは、一般社会《いっぱんしゃかい》で生きていく資格《しかく》などないと考えていたのです。

とりわけ、ナチがはげしく攻撃《こうげき》したのは、ユダヤ人でした。ヒトラーは演説《えんぜつ》するたびに、ユダヤ人を手きびしく非難《ひなん》しました。「なまけ者《もの》で欲《よく》の深《ふか》いユダヤ人を野放《のばな》しにしていたら、ドイツはほろびてしまう」といいつづけ、ユダヤ人に対《たい》するまちがった考えを植《う》えつけようとしたのです。

しかし、ユダヤ人は、なまけ者《もの》でもなければ、とくに欲《よく》が深《ふか》かったわけでもありません。世《よ》の中《なか》の役《やく》にたつ仕事《しごと》をしている人たちが、たくさんいました。学校の先生、医者《いしゃ》、法律《ほうりつ》家《か》、銀行家《ぎんこうか》、商人《しょうにん》……。第《だい》一次《じ》世界大戦《せかいたいせん》では、十万人のユダヤ人がドイツ軍《ぐん》の兵士《へいし》として戦《たたか》いました。

しかしドイツは、第《だい》一次《じ》世界大戦《せかいたいせん》で負《ま》けてしまいました。終戦後《しゅうせんご》のドイツは荒廃《こうはい》し、失《しつ》業者《ぎょうしゃ》が国じゅうにあふれました。一九二〇年代《ねんだい》の終《お》わりから三〇年代《ねんだい》の初《はじ》めにかけて、数百万人もの失業者《しつぎょうしゃ》をかぞえたほどでした。

そんな苦《くる》しい時代《じだい》に、ヒトラーがあらわれたのです。ドイツ人の多くは、ヒトラーに自分たちの将来《しょうらい》をゆだねようとしました。「ユダヤ人を追放《ついほう》すれば、ドイツは栄《さか》え、国民《こくみん》にもゆたかな生活が約束《やくそく》される」というヒトラーのことばを信《しん》じてしまったのです。

一九三三年、ナチはドイツの国会で過半数《かはんすう》の票《ひょう》を獲得《かくとく》して政権《せいけん》をにぎり、党首《とうしゅ》のヒトラーが首相《しゅしょう》になりました。そして、新しい法律《ほうりつ》を定《さだ》め、違反《いはん》する者《もの》をきびしく罰《ばっ》しました。法《ほう》にそむいて逮捕《たいほ》される者《もの》もいれば、殺《ころ》される者《もの》さえいました。国民《こくみん》の取《と》りしまりにあたったのは、ナチ親衛隊《しんえいたい》と、ゲシュタポと呼《よ》ばれるドイツ秘密警察《ひみつけいさつ》でした。この二つの組織《そしき》は、ユダヤ人をとくにきびしく取《と》りしまりました。ドイツ国内のユダヤ人は仕事《しごと》をとりあげられ、ドイツ国民《こくみん》としての権利《けんり》もうばわれました。ユダヤ人の子どもたちは、学校を自由《じゆう》に選《えら》ぶことさえできなくなりました。

ユダヤ人たちは、ぞくぞくとドイツをはなれはじめました。子どもだけを安全《あんぜん》な外国へと送《おく》りだす者《もの》もいました。ナチが政権《せいけん》をにぎったこの年、新天地を求《もと》めて国をでていったユダヤ人は、六万三千人にものぼりました。

一九三五年九月、ドイツの国会は、「ドイツの純血《じゅんけつ》と名誉《めいよ》を守《まも》る」ために、新たに二つの法律《ほうりつ》を通過《つうか》させました。この法律《ほうりつ》によって、ユダヤ人は自《みずか》らをドイツ人と名乗《なの》ることができなくなりました。ドイツ国旗《こっき》をかかげることも、ドイツ人女性《じょせい》をお手伝《てつだ》いさんとして雇《やと》うことも、ユダヤ人以外《いがい》のドイツ人と結婚《けっこん》することも禁《きん》じられました。ドイツ国内《こくない》には、ユダヤ人たちが自由《じゆう》に暮《く》らしていく場所《ばしょ》などなくなってしまったのです。

一九三八年三月十三日、ドイツ軍《ぐん》はとなりの国オーストリアを占領《せんりょう》し、国全体《くにぜんたい》をドイツに併合《へいごう》してしまいました。これによって犠牲《ぎせい》になったのは、オーストリアで暮《く》らすユダヤ人たちでした。ユダヤ人は財産《ざいさん》をすべてうばわれ、公営《こうえい》プールや公園《こうえん》、レストランからしめだされました。

同じ年、あるユダヤ人学生がパリ駐在《ちゅうざい》のドイツ大使館員《たいしかんいん》を殺《ころ》すという事件《じけん》が起《お》こりました。この事件《じけん》をきっかけに、ドイツ全土《ぜんど》が大混乱《だいこんらん》におちいりました。その年の十一月九日と十日の二日間にわたり、ナチはユダヤ人の住《す》む地区《ちく》を襲撃《しゅうげき》したのです。ユダヤ教の礼拝《れいはい》堂《どう》に火をつけ、ユダヤ人が経営《けいえい》する商店《しょうてん》や事務所《じむしょ》を破壊《はかい》しました。そしてさらに、百人近くのユダヤ人を殺害《さつがい》し、三万人を強制収容所《きょうせいしゅうようじょ》に送《おく》りこんだのです。

翌《よく》一九三九年九月一日、ドイツ軍《ぐん》はポーランドに侵入《しんにゅう》し、その二日後には、イギリスとフランスがドイツに宣戦布告《せんせんふこく》します。こうして、第二次世界大戦《だいにじせかいたいせん》がはじまったのです。ドイツ軍《ぐん》は、ポーランドでもユダヤ人の暮《く》らしをおびやかしはじめました。

アンネ・フランクの家族《かぞく》はすでにドイツをはなれ、オランダのアムステルダムで暮《く》らしていました。しかし、一九四〇年五月には、ドイツ軍《ぐん》がついにオランダにまで侵入《しんにゅう》してきたのです。やがて、ドイツで起《お》こっていたことが、オランダでも起《お》こりはじめました。ユダヤ人にとって、もはやオランダも安全《あんぜん》な場所《ばしょ》ではなくなったのです。

ドイツに占領《せんりょう》されたほかの国々と同じように、ユダヤ人は職場《しょくば》を追《お》われ、公共《こうきょう》の施設《しせつ》への出入りを禁《きん》じられました。一九四二年四月二十九日からは、オランダに住《す》む六歳以上《さいいじょう》のユダヤ人すべてが、「ダビデの星」と呼《よ》ばれる黄色い星印《ほしじるし》を上着《うわぎ》の左胸《ひだりむね》につけなければならなくなりました。この星印《ほしじるし》は、黄色い布地《ぬのじ》に黒で星形《ほしがた》をかたどったもので、星の中には、オランダ語でユダヤ人をあらわす「JOOD」の文字が入っていました。

そして、同じ年の七月から、ユダヤ人はヨーロッパ各地《かくち》の強制収容所《きょうせいしゅうようじょ》へ送《おく》りこまれることになりました。この収容所《しゅうようじょ》への移送《いそう》は、一九四四年までつづきました。オランダでも、たくさんのユダヤ人が列車《れっしゃ》で強制収容所《きょうせいしゅうようじょ》へと運《はこ》ばれていき、ほとんどの人々が収容所《しゅうようじょ》で亡《な》くなりました。

一九四五年に終戦《しゅうせん》をむかえると、おそろしい収容所《しゅうようじょ》から生きてもどってきたユダヤ人たちの写真《しゃしん》が新聞に掲載《けいさい》されました。映画館《えいがかん》では、収容所《しゅうようじょ》のユダヤ人たちを撮影《さつえい》した記録映《きろくえい》画《が》が上映《じょうえい》されました。記録映画《きろくえいが》を見た人々のなかには、収容所《しゅうようじょ》で起《お》こったぞっとするような事実《じじつ》を信《しん》じようとしない人もいました。生々《なまなま》しい記録《きろく》から目をそむけようとする人もいました。今日《こんにち》ですら、「ホロコースト」として知られるユダヤ人大虐殺《だいぎゃくさつ》はなかったと考える人たちがいます。

しかし、ホロコーストは現実《げんじつ》に起《お》こったのです。六百万人近いユダヤ人が、ヨーロッパ各地《かくち》の強制収容所《きょうせいしゅうようじょ》などで虫けらのように殺《ころ》されていったのです。オランダだけでも、十一万人のユダヤ人が強制収容所《きょうせいしゅうようじょ》に送《おく》られました。そして生きのこった人は、わずかに五千人をかぞえるだけでした。

そのなかに、アンネ・フランクの姿《すがた》はありませんでした。

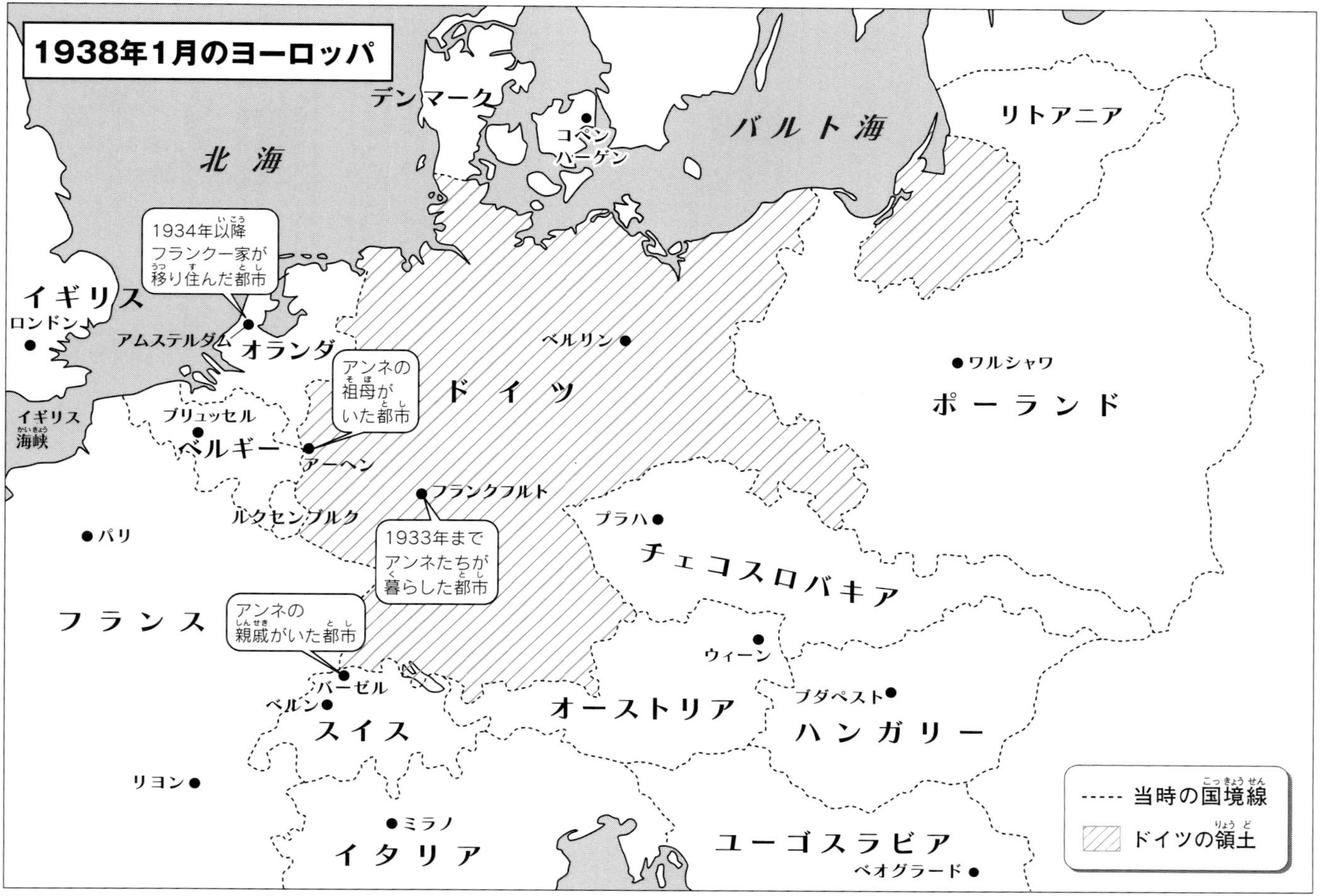
1938年1月のヨーロッパ
北海
バルト海
デンマーク
コペンハーゲン
リトアニア
イギリス
ロンドン
イギリス海峡《かいきょう》
1934年以降《いこう》
フランク一家が
移《うつ》り住《す》んだ都市《とし》
アムステルダム
オランダ
ベルリン
ワルシャワ
ポーランド
アンネの
祖母《そぼ》が
いた都市《とし》
ドイツ
ブリュッセル
ベルギー
アーヘン
フランクフルト
ルクセンブルク
パリ
プラハ
1933年まで
アンネたちが
暮《く》らした都市《とし》
チェコスロバキア
フランス
アンネの
親戚《しんせき》がいた都市《とし》
ウィーン
バーゼル
ベルン
ブダペスト
スイス
オーストリア
ハンガリー
リヨン
ミラノ
イタリア
ユーゴスラビア
ベオグラード
当時の国境線《こっきょうせん》
ドイツの領土《りょうど》

第1章　フランクフルトから アムステルダムへ

「広い世界《せかい》をたくさん見て、
わくわくするようなことをしてみたい！」
（『アンネの日記』一九四四年五月八日）

Chapter1

＊フランク一家

アンネ・フランク

オットー……………父

エーディト…………母

マルゴー……………姉

＊アンネの親戚《しんせき》

ローザ・ホーレンダー…………母方《ははかた》の祖母《そぼ》

アリーセ・フランク……………父方《ちちかた》の祖母《そぼ》

ローベルト・フランク…………伯父《おじ》（オットーの兄）

ヘルベルト・フランク…………叔父《おじ》（オットーの弟）

エーリヒ・エリーアス…………叔父《おじ》（オットーの義弟《ぎてい》。
シュテファンとバディーの父）

シュテファン・エリーアス……いとこ

バディー・エリーアス…………いとこ。シュテファンの弟

＊フランクフルトでのアンネとマルゴーの友だち

ゲルトルート・ナウマン

＊オットーの会社の関係者《かんけいしゃ》

ビクトル・クーフレル…………従業員《じゅうぎょういん》の管理《かんり》担当《たんとう》

ミープ・ザントルーシッツ……女性社員《じょせいしゃいん》

二十世紀《せいき》の百年のあいだに、日記を書きのこした人はたくさんいます。けれど、ユダヤ人として生まれた少女、アンネ・フランクの日記ほど人々に衝撃《しょうげき》をあたえた日記はないでしょう。アンネは十三歳《さい》のときから日記をつけはじめ、二年間にわたって、ほぼ毎日書きつづけました。

最初《さいしょ》は、親しい友だちや学校のこと、そして男の子たちについて、空想《くうそう》の友人キティーに語りかけるような調子《ちょうし》ではじめました。しかし、まもなく、友だちや学校のことは書けなくなりました。

アンネが日記を書きはじめた一九四二年といえば、第二次世界大戦《だいじせかいたいせん》のまっただなかでした。人々は、恐怖《きょうふ》と不安《ふあん》のなかで暮《く》らしていました。とりわけ、ヨーロッパに住《す》むユダヤ人は、みじめな状況《じょうきょう》に追《お》いこまれていたのです。

アンネと彼女《かのじょ》の家族《かぞく》も、十年近く暮《く》らしていたオランダのアムステルダム市内にあるザウト地区《ちく》をはなれ、同じ市内にある隠《かく》れ家《が》に身《み》をひそめなければならなくなりました。

第二次世界大戦中《だいじせかいたいせんちゅう》、ヨーロッパの国々の多くは、ドイツ軍《ぐん》に占領《せんりょう》されていました。オランダも例外《れいがい》ではありませんでした。ユダヤ人はヨーロッパ各地《かくち》の強制収容所《きょうせいしゅうようじょ》に送《おく》られ、そまつな食事《しょくじ》や不潔《ふけつ》な生活《せいかつ》に耐《た》えながら働《はたら》かされて、病死《びょうし》したり、飢《う》え死《じ》にしたりしていました。

最後《さいご》は、アンネも強制収容所《きょうせいしゅうようじょ》に送《おく》られ、そこで亡《な》くなりました。十六歳《さい》の誕生日《たんじょうび》をむかえる前でした。しかし、いきいきとした、おちゃめな少女アンネは、一九四二年六月十二日から一九四四年八月一日までの二年間にわたって、日記を書きつづけたのです。家族《かぞく》も友人たちも、アンネの書いた日記がこれほど有名《ゆうめい》になるとは夢《ゆめ》にも思っていませんでした。

アンネ・フランクは、一九二九年六月十二日、オットーとエーディト・フランク夫妻《ふさい》の次女《じじょ》として、ドイツのフランクフルトで生まれました。アンネの先祖《せんぞ》は、四百年前からフランクフルトで暮《く》らしていたのです。

アンネが生まれたとき、姉のマルゴーは三歳《さい》になっていました。やさしいマルゴーは、妹の誕生《たんじょう》を心からよろこびました。生後まもないアンネが病院《びょういん》からもどってくると、近所《きんじょ》に住《す》む少女、ゲルトルート・ナウマンといっしょに妹をむかえ、一日じゅう、ゆりかごのそばにつきっきりでした。

アンネは、何にでも興味《きょうみ》をしめす赤ちゃんでした。母のエーディトがベビーベッドをアパートのベランダにだすと、アンネはベッドの手すりにつかまって立ちあがり、自宅《じたく》の前のマルバッハ通りをあきずにながめていました。

マルゴーとアンネは、まったく性格《せいかく》のちがう姉妹《しまい》でした。おとなしくて口数の少ないマルゴーとは反対《はんたい》に、妹のアンネはおしゃべりで活発《かっぱつ》な少女でした。いつもきちんとしていて清潔《せいけつ》なマルゴーは、「小さなプリンセス（王女）」と呼《よ》ばれていました。一方、アンネは、水たまりに入って服《ふく》をどろんこにするのも平気《へいき》でした。おとなが少しでも目をはなすと、何をしでかすかわからない子どもだったのです。

けれど、この姉妹《しまい》にも、一つだけ共通点《きょうつうてん》がありました。二人とも父を深《ふか》く愛《あい》していたのです。父のオットーはおだやかな性格《せいかく》で、ユーモアのセンスにもあふれていました。しばしば、自分で作ったお話を二人の娘《むすめ》に語ってきかせたものでした。よいパウラと悪《わる》いパウラの物語《ものがたり》です。よいパウラはお行儀《ぎょうぎ》がよく、食事《しょくじ》ものこさず食べて、お皿《さら》をきれいにします。一方、悪《わる》いパウラは、いたずらをしたり、食事中《しょくじちゅう》にスプーンをふりまわしたりします。

マルゴーには、どちらのパウラをお手本にすればいいかがわかっていました。けれど、妹のアンネは、ちがっていました。よいパウラを見習《みなら》うべきだとわかってはいましたが、ときには、悪《わる》いパウラになってみたいとも思ったのです。

フランクフルトで暮《く》らしていたころのアンネは、とてもしあわせでした。マルゴーといっしょに、近所《きんじょ》に住《す》む少し年上のいとこたち、シュテファンとベルンハルト兄弟の家へ、しょっちゅうあそびに行きました。ベルンハルトは元気のいい男の子で、あるボクサーにちなんでバディーと呼《よ》ばれていました。このニックネームをつけたのは、兄のシュテファンでした。

アンネとマルゴーは、このいとこたちにつれられて、ときには父方《ちちかた》の祖母《そぼ》の家にも行きました。あそんでいるうちに、たいへんな事故《じこ》が起《お》こりそうになったこともあります。

バディーが、そのときのようすをよくおぼえていました。

「兄のシュテファンとわたしは、アンネを乳母車《うばぐるま》に乗《の》せて外につれだし、乳母車《うばぐるま》をおしながら通りを走りはじめました。ところが、いきおいあまって角《かど》をまがりきれず、乳母車《うばぐるま》がひっくりかえってしまったんです！　アンネは乳母車《うばぐるま》からほうりだされました！　もちろん、だれにも話しませんでしたが、さいわい、アンネはけがもしませんでした。」

シュテファンは、有名《ゆうめい》な喜劇俳優《きげきはいゆう》、チャーリー・チャップリンのものまねをしてみせることもありました。マルゴーとアンネは、チャップリンが大すきだったのです。

一九二〇年代《ねんだい》の終《お》わりから一九三〇年代《ねんだい》の初《はじ》めにかけて、ドイツでは、アドルフ・ヒトラー率《ひき》いる国家社会主義《こっかしゃかいしゅぎ》ドイツ労働者党《ろうどうしゃとう》が、勢力《せいりょく》をのばしていました。この政党《せいとう》は「ナチ（ナチス）」とも呼《よ》ばれ、個人《こじん》の利益《りえき》よりも国家全体《こっかぜんたい》の利益《りえき》を重《おも》んじていました。またナチは、自分の民族《みんぞく》および国家の統一《とういつ》と発展《はってん》をめざそうとする、民族主義《みんぞくしゅぎ》をかかげてもいました。当時のドイツでは、こうしたナチの考え方を支持《しじ》する人々もふえていました。

ヒトラーは、かたよった考えの持《も》ち主《ぬし》でした。ユダヤ人をはじめ黒人、ロマ（ジプシー）

などを国外に追放《ついほう》し、自分の国を純粋《じゅんすい》のドイツ人だけで繁栄《はんえい》させなければならないと考えていたのです。そこでまず、ドイツ国内に住《す》むユダヤ人を標的《ひょうてき》にしました。ユダヤ人のなかには、お金持《かねも》ちの資本家《しほんか》や商人《しょうにん》が多かったからです。ヒトラーの力が強くなればなるほど、ドイツ国内ではユダヤ人に反発《はんぱつ》する空気が強くなる一方でした。

フランク一家のアパートの大家《おおや》も、ナチの考えに共感《きょうかん》していました。そのため、一九三一年三月、アンネが二歳《さい》をむかえるころ、フランク一家は、マルバッハ通りのアパートから引《ひ》っ越《こ》さなければならなくなりました。

フランク一家の新しいアパートは、ガングホーファー通りにありました。マルバッハ通りのアパートから徒歩《とほ》で十分ほどの距離《きょり》でした。以前《いぜん》の住《す》まいよりはせまいけれど、庭《にわ》がついていました。近くには丘《おか》や広い原っぱもあり、アンネやマルゴーにとっては天国のような場所《ばしょ》でした。冬になると、トボガンと呼《よ》ばれる平底《ひらぞこ》そりであそぶこともできました。

引《ひ》っ越《こ》してまもないころのアンネは、まだ小さすぎて外にでることができませんでした。そのかわり、庭《にわ》の砂場《すなば》であそんだり、暑《あつ》い日には金属製《きんぞくせい》の古い大きな浴槽《よくそう》で水あそびをしたりしました。近所《きんじょ》には同じ年ごろの子どもたちもたくさんいたので、しじゅう、そうぞうしい声がひびきわたっていました。こうしたあそび仲間《なかま》は、ユダヤ人だけではありません。そのため、マルゴーとアンネにとっては、ユダヤ教以外《いがい》の宗教《しゅうきょう》について知るチャンスにもなりました。

両親《りょうしん》のオットーとエーディトは、信仰心《しんこうしん》の厚《あつ》いほうではありませんでした。とりわけ、オットーは、ユダヤ教にも、ほかの宗教《しゅうきょう》にも無関心《むかんしん》でした。宗教《しゅうきょう》よりも娘《むすめ》たちの教育《きょういく》のほうに熱心《ねっしん》だったのです。マルゴーとアンネも、成長《せいちょう》するにつれて父が買いあつめた本を読みはじめました。

オットーは、娘《むすめ》たちの写真《しゃしん》をとるのが大すきでした。機会《きかい》あるごとに、アンネとマルゴーの写真《しゃしん》をとりました。オットーがフランクフルトで最後《さいご》に撮影《さつえい》した写真《しゃしん》は、妻《つま》のエーディトと二人の娘《むすめ》が厚《あつ》いコートを着《き》て、フランクフルトの商店街《しょうてんがい》に立っているものでした。

アンネとマルゴーの性格《せいかく》のちがいも、しだいにはっきりとしてきました。自分の考えや意見《いけん》をあまり口にしないマルゴーとは対照的《たいしょうてき》に、アンネは、思いついたことをすぐにしゃべってしまいます。アンネが三歳《さい》になったころのエピソードがのこっています。両親《りょうしん》につれられてゲルトルート・ナウマンの家にあそびに行ったときのことでした。アンネはゲルトルートのお父さんの目をしげしげとながめると、いきなりさけんだのです。

「おじさんの目、ネコみたいね！」

その場にいた人たちみんなが、アンネのことばにびっくりさせられました。

アンネは生まれてすぐに、三角形のお守《まも》りをぶらさげた銀《ぎん》のネックレスを贈《おく》られました。お守《まも》りには、「幸運《こううん》のお守《まも》り。一九二九年六月十二日、フランクフルト・アム・マイン」ときざまれていました。（フランクフルト・アム・マインは、フランクフルトの正式《せいしき》な呼《よ》び名《な》です。）アンネだけでなく、そのころドイツに住《す》んでいたユダヤ人の子どもたちは、幸運《こううん》にすがるしかありませんでした。ナチは、ユダヤ人を根絶《ねだ》やしにしなければならないと本気で考えていたからです。

ユダヤ人に対《たい》する迫害《はくがい》がはげしくなる前、アンネは週末《しゅうまつ》のたびに、ドイツ西部《せいぶ》の都市《とし》アーヘンに住《す》む母方《ははかた》の祖母《そぼ》をたずねました。けれど、楽しみにしていたその訪問《ほうもん》も、まもなく終《お》わりをむかえることになります。

やがて新しい法律《ほうりつ》が制定《せいてい》され、ユダヤ人の子どもたちは、ほかの子どもと同じ学校に行けなくなりました。一九三三年、四歳《さい》になったアンネは、九月には幼稚園《ようちえん》に入園するはずでしたが、ユダヤ人の子どもは幼稚園《ようちえん》を自由《じゆう》に選《えら》ぶことなどできません。マルゴーもなじんだ学校をはなれ、別《べつ》の学校をさがさなければならなくなりました。

ちょうどそのころ、フランク一家が買《か》い物《もの》を楽しみ、自宅《じたく》まで歩いて帰る途中《とちゅう》、おそろしい落書《らくが》きを目にしました。ユダヤ人が経営《けいえい》する商店《しょうてん》の窓《まど》や入り口に、ユダヤ人を悪者《わるもの》あつかいし、ののしることばが書きなぐられていたのです。

同じ一九三三年の三月には、ヘッセン州《しゅう》の選挙《せんきょ》で勝利《しょうり》をおさめたナチが、フランクフルトの市役所前《しやくしょまえ》で大がかりなデモを行いました。建物《たてもの》の正面《しょうめん》には、ナチを象徴《しょうちょう》するハーケンクロイツの旗《はた》がかかげられていました。ハーケンクロイツは、鉄《てつ》の鉤《かぎ》を十字形に組み合わせた鉤十字《かぎじゅうじ》のことで、ナチの党章《とうしょう》になっていたのです。制服《せいふく》に身《み》をつつんだナチ党員《とういん》は、高く片手《かたて》をあげる独特《どくとく》のスタイルでリーダーのアドルフ・ヒトラーに敬礼《けいれい》し、いっせいにナチのスローガンをさけびはじめました。

「ユダヤ人を追放《ついほう》しろ！　ユダヤ人を追放《ついほう》しろ！」

通りをうめつくす支持者《しじしゃ》たちもデモに加《くわ》わり、スローガンを何度《なんど》もくりかえしました。

オットー・フランクとエーディト夫妻《ふさい》は、国外に移住《いじゅう》することを真剣《しんけん》に考えはじめました。ユダヤ人に対《たい》する迫害《はくがい》は、はげしくなるばかりです。このままドイツ国内にとどまっているわけにはいきません。

一九三三年には、六万三千人のユダヤ人がドイツをはなれました。フランク一家も、このなかに含《ふく》まれていました。オットーの弟ヘルベルト・フランクはパリに移《うつ》り、兄のローベルト・フランクは妻《つま》とともにロンドンに逃《に》げました。アンネのいとこのシュテファンとバディーは、両親《りょうしん》やフランク家の祖母《そぼ》アリーセ・フランクとともに、すでにスイスに移住《いじゅう》していました。そのころ、シュテファンとバディーの父エーリヒ・エリーアスは、ポモジン工業《こうぎょう》の子会社、オペクタ商会《しょうかい》のスイス支社《ししゃ》を設立《せつりつ》していたのです。

ポモジン工業《こうぎょう》は、ジャムを製造《せいぞう》するときに使《つか》うペクチンを作る会社で、経営状態《けいえいじょうたい》も安定《あんてい》していました。そこでエーリヒ・エリーアスは、義兄《ぎけい》のオットーに、オランダのアムステルダムにオペクタ商会《しょうかい》の支店《してん》を作らないかと話をもちかけたのです。オットーにとっては渡《わた》りに船でした。フランクフルトで経営《けいえい》していた銀行《ぎんこう》が、すでに閉鎖《へいさ》されていたからです。十年前にオランダのアムステルダムで暮《く》らした経験《けいけん》もあり、古い知人も何人かいました。

こうして一九三三年六月、オットーはドイツを去《さ》りました。まず仕事《しごと》の見通しをつけ、それから家族《かぞく》を呼《よ》びよせようと、ひと足先にオランダに向《む》かったのです。一方、妻《つま》のエーディトは娘《むすめ》のマルゴーとアンネをつれて、アーヘンで暮《く》らす母ローザ・ホーレンダーの家に移《うつ》りました。オランダとの国境《こっきょう》近くにあるアーヘンに住《す》めば、いざというとき、すぐに国境《こっきょう》を越《こ》えられると思ったからです。

アムステルダムに移《うつ》ったオットーは、けんめいに働《はたら》きました。でも、オペクタ商会《しょうかい》のアムステルダム支店《してん》を作るという計画は、失敗《しっぱい》に終《お》わりました。同じオランダにあるポモジン工業《こうぎょう》のユトレヒト支店《してん》が、オランダ国内でのペクチンの製造《せいぞう》は一社だけでまかなえると、異議《いぎ》を申《もう》し立《た》てたからです。この異議《いぎ》が通ったため、オットーは自分の会社を設立《せつりつ》しなければならなくなりました。

さいわい、義弟《ぎてい》のエーリヒ・エリーアスからの金銭的援助《きんせんてきえんじょ》もあり、利益《りえき》のうちの二・五パーセントをポモジン工業《こうぎょう》に支払《しはら》うという約束《やくそく》で、オットーは、自社で製造《せいぞう》したペクチンにオペクタ商会《しょうかい》の商標《しょうひょう》を使用《しよう》することができました。ビクトル・クーフレルとミープ・ザントルーシッツという、信頼《しんらい》できる二人のスタッフを雇《やと》い、新しい事業《じぎょう》をなんとか軌道《きどう》に乗《の》せることができたのです。

オーストリア生まれの若《わか》い女性社員《じょせいしゃいん》ミープは、ジャムの作り方を覚《おぼ》え、文書処理《ぶんしょしょり》や帳簿《ちょうぼ》の整理《せいり》、電話での応答《おうとう》、苦情《くじょう》や問い合わせの処理《しょり》など、事務的《じむてき》な仕事全般《しごとぜんぱん》をてきぱきとこなしました。同じオーストリア生まれのクーフレルは、かつてペクチン製造会社《せいぞうがいしゃ》で働《はたら》いたこともあり、オットーの右腕《みぎうで》として全従業員《ぜんじゅうぎょういん》のまとめ役《やく》を担当《たんとう》しました。きちょうめんすぎて融通《ゆうずう》のきかない面《めん》もありましたが、まじめで仕事熱心《しごとねっしん》な男性《だんせい》でした。やがて、ミープとクーフレルは、オットーの会社になくてはならない存在《そんざい》になりました。

オットー・フランクは最初《さいしょ》に、アムステルダムの中心地区《ちゅうしんちく》に近いスタディオンカーデ二四番地の小さなアパートを借《か》りました。しかし、このアパートは、四人の家族《かぞく》が暮《く》らせるほど広くありません。妻《つま》のエーディトは、アーヘンとアムステルダムのあいだを往復《おうふく》しながら、夫《おっと》のアパートさがしを手伝《てつだ》いました。そしてついに、アムステルダム市郊外《しこうがい》のザウト（南）地区《ちく》に、家族《かぞく》四人が暮《く》らすにはうってつけのアパートを見つけたのです。社員《しゃいん》のミープも、同じ地区《ちく》に住《す》んでいました。

一九三三年十二月五日、まず、エーディトと長女のマルゴーがアムステルダム行きの列車《れっしゃ》に乗《の》りました。四歳《さい》のアンネだけはアーヘンの祖母《そぼ》の家にのこり、二か月後の一九三四年二月、家族《かぞく》が暮《く》らすアムステルダムに移《うつ》りました。

そのころ、エーディトは、ドイツの友人にこんな手紙を送《おく》っています。

「娘《むすめ》たちは二人とも、陽気《ようき》でおちゃめな女の子です。アンネときたら、小さなコメディアンみたいです。」

1885年。アンネの父方《ちちかた》の祖父母《そふぼ》、ミヒャエル・フランク（右）とアリーセ・フランク。結婚後《けっこんご》まもないころに撮影《さつえい》された写真《しゃしん》。

アンネの母、エーディトの若《わか》いころの写《しゃ》真《しん》。アーヘンの実家《じっか》にて。撮影年《さつえいねん》は不明《ふめい》。

1917年ごろ。女性《じょせい》2人（名前は不明《ふめい》）とオットー・フランク（中央《ちゅうおう》）。

1925年５月。ハネムーン中のアンネの両親《りょうしん》、オットー・フランク（右）とエーディト・フランク。イタリアのサンレモにて撮影《さつえい》。

1926年。アンネの母方《ははかた》の祖父母《そふぼ》、アーブラハム・ホーレンダー（左）とローザ・ホーレンダー。アーブラハムがだいているのは孫《まご》のマルゴーです。

1928年ごろ。フランク一家とエリーアス一家。後列《こうれつ》左から、エーリヒ・エリーアス（オットーの義弟《ぎてい》）、ローベルト・フランク（オットーの兄）、ヘルベルト・フランク（オットーの弟）、オットー・フランク。中列《ちゅうれつ》左から、ヘレーネ・エリーアス（オットーの妹）、ロッティー・フランク（ローベルトの妻《つま》）、アリーセ・フランク（オットーの母）、ヘルベルトの妻《つま》だったと思われる女性《じょせい》（名前は不明《ふめい》）、エーディト・フランク。前列《ぜんれつ》左から、バディー・エリーアス、マルゴー・フランク、シュテファン・エリーアス（バディーの兄）。

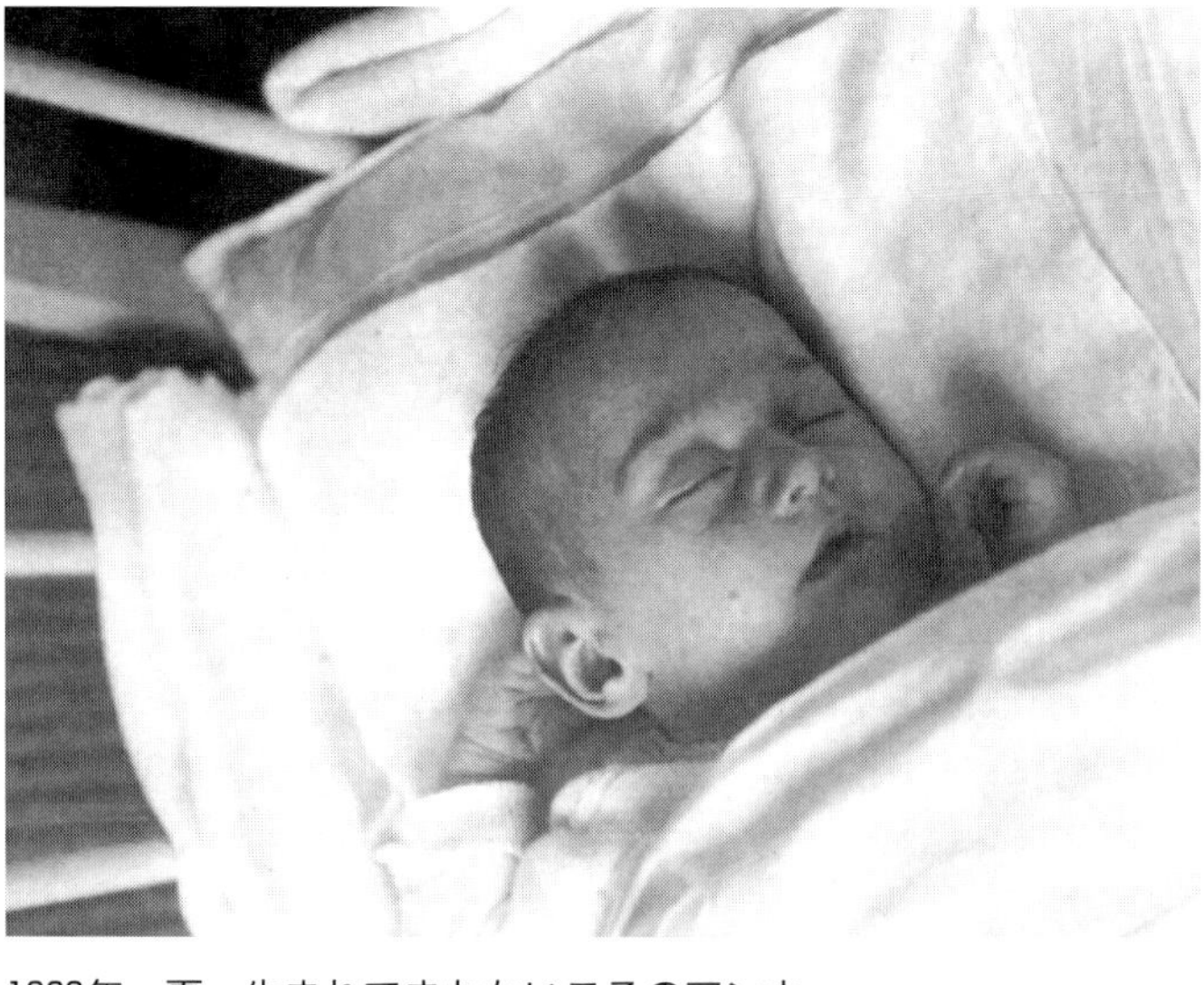

1929年、夏。生まれてまもないころのアンネ。

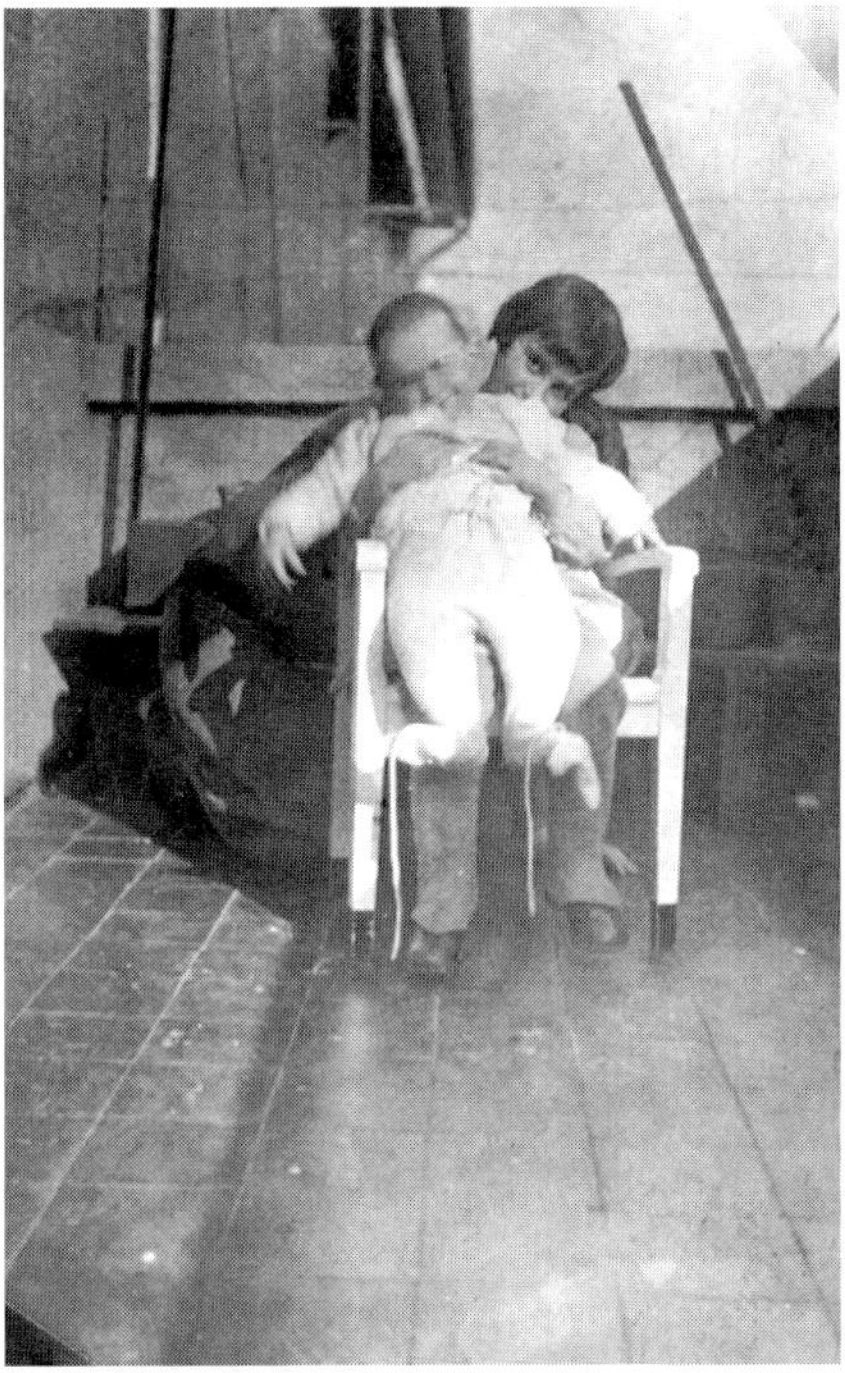

1929年。フランク一家がフランクフルトで暮《く》らしていたころの写真《しゃしん》。アパートのベランダで、アンネ(1歳《さい》)は姉のマルゴー（4歳《さい》）にだっこされています。

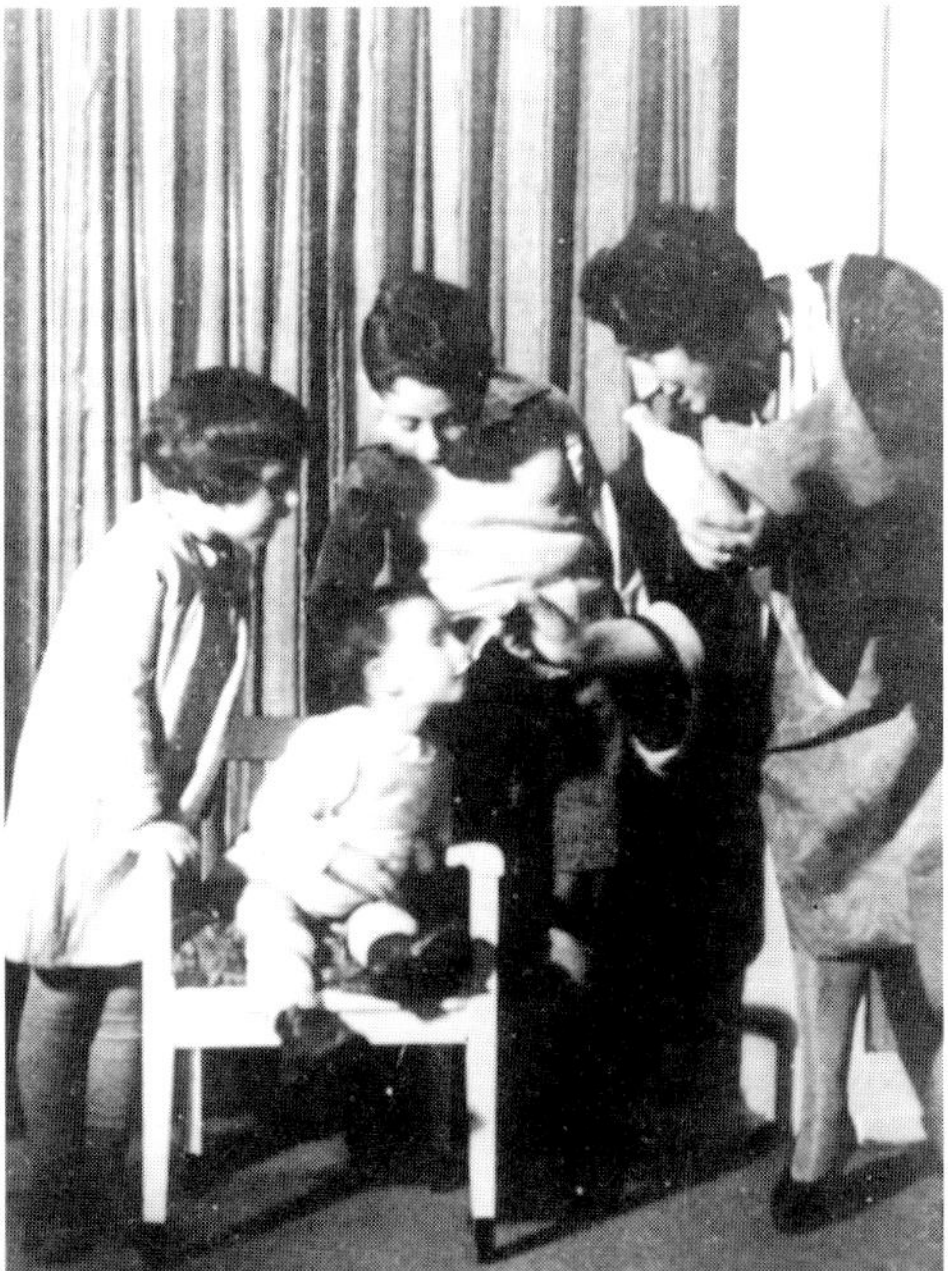

1931年。おさないアンネ(中央《ちゅうおう》)にスプーンで何かを飲《の》ませている母のエーディト(右)。そのようすをマルゴー(左)と、いとこのシュテファン・エリーアス(後ろ)が熱心《ねっしん》に見ています。

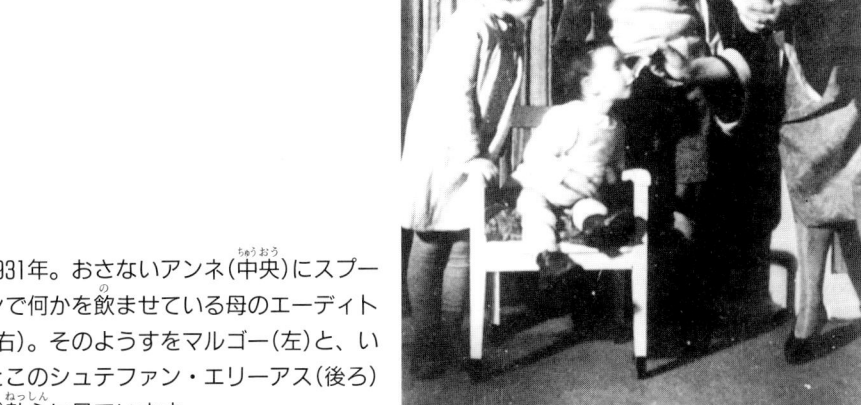

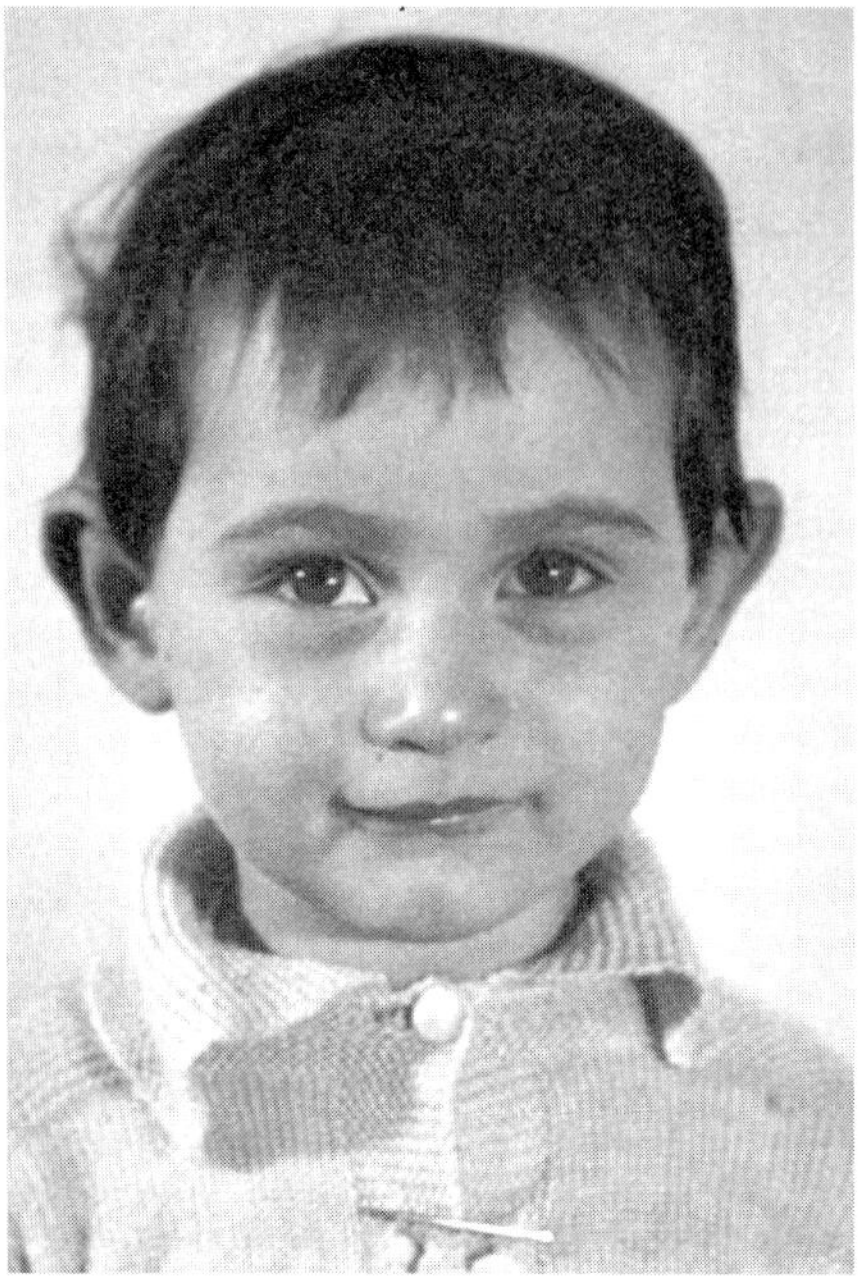

1932年。3歳《さい》をむかえるころのアンネ。

1933年。アンネ(右)と姉のマルゴー。

第2章　のんきな学校生活

「わたしたちがふつうに暮《く》らしていたころは、
毎日が楽しかった、
何もかもがすばらしかった……。」

（『アンネの童話《どうわ》「おぼえている？」』
一九四三年七月七日）

Chapter2

＊フランク一家

アンネ・フランク
オットー……………父
エーディト…………母
マルゴー……………姉

＊アンネの親戚《しんせき》

ローザ・ホーレンダー…………………母方《ははかた》の祖母《そぼ》
ユーリウス・ホーレンダー…………母エーディトの長兄《ちょうけい》
バルター・ホーレンダー……………母エーディトの次兄《じけい》
シュテファンとバディー……………いとこたち

＊アンネの友だち

ハンネリ・ホースラル………家族《かぞく》ぐるみでフランク家とつきあう
サンネ・レーデルマン………アンネ、ハンネリとともに三人組と呼《よ》ばれるなかよし

＊アンネが通った学校（モンテッソーリ・スクール）の先生

ファン・ヘルデル先生………幼稚園《ようちえん》から小学校四年生までの担任《たんにん》

＊オットーの会社の関係者《かんけいしゃ》

ビクトル・クーフレル…………………従業員《じゅうぎょういん》の管理担当《かんりたんとう》
ヨハンネス・クレイマン……………経理担当《けいりたんとう》。オットーの古い友人
ヘルマン・ファン・ペルス…………相談役《そうだんやく》。香辛料《こうしんりょう》の専門家《せんもんか》
ミープ・ザントルーシッツ…………女性社員《じょせいしゃいん》
ベップ・フォスキュイル……………女性社員《じょせいしゃいん》
ヤン・ヒース…………………………ミープのボーイフレンド

ドイツから逃《に》げだしてきたユダヤ人の多くは、アムステルダムのザウト地区《ちく》におちつきました。フランク一家のアパートもザウト地区《ちく》にあり、アムステルダム川に近いため、河地区《かわちく》と呼《よ》ばれていました。アムステル川にはペンキをぬった平底船《ひらぞこぶね》が行きかい、川ぞいの通りには、パン屋《や》やコーヒーショップなどの商店《しょうてん》が立ちならんでいました。

小さなコーヒーショップは、おしゃべりを楽しむ人たちでいつもにぎわっていました。パン屋《や》の店先からは、ベーグルと呼《よ》ばれるドーナッツ形のパンのこうばしい香《かお》りがただよってきます。ピクルス売りの手押《てお》し車《ぐるま》には、「アムステルダムでいちばんのピクルス！」と書かれていました。フランク一家のアパートの前には三角形のメルベデ広場があり、子どもたちにとっては、かっこうの遊《あそ》び場《ば》にもなりました。

アンネの通うモンテッソーリ幼稚園《ようちえん》は、自宅《じたく》から歩いて五分ほどのところにありました。この幼稚園《ようちえん》は小学校が同じ建物《たてもの》の中にあり、自由《じゆう》な教育《きょういく》で知られていました。授業中《じゅぎょうちゅう》、子どもたちがたがいにおしゃべりすることも許《ゆる》されていました。フランク夫妻《ふさい》がモンテッソーリ幼稚園《ようちえん》を選《えら》んだのは、アンネがおしゃべりなうえに、長いあいだじっとすわっているのが苦手《にがて》な少女だったからです。

幼稚園《ようちえん》に行く途中《とちゅう》、アンネはたびたび担任《たんにん》のファン・ヘルデル先生と顔を合わせました。そんなとき、アンネは先生とならんで歩きながら、父といっしょに作った詩《し》や物語《ものがたり》をくりかえし話したものでした。

幼稚園《ようちえん》でのアンネは、二人の親友、ハンネリ（通称《つうしょう》ハンネ）・ホースラルとサンネ・レーデルマンといつもいっしょでした。三人は「アンネ、ハンネ、サンネ」と、つづけて呼《よ》ばれるほどのなかよしでした。三人組とも呼《よ》ばれていました。ハンネリとサンネの家族《かぞく》も、フランク一家と同じころにドイツからオランダに移《うつ》ってきたユダヤ人だったのです。しかも、ハンネリの家族《かぞく》は、フランク一家と同じアパートのすぐ下の階《かい》に住《す》んでいました。

幼稚園《ようちえん》からもどってからも、三人組はいっしょでした。メルベデ広場に集《あつ》まっては、石けり、トンボがえり、さか立ちなどをしてあそびました。アンネはトンボがえりとさか立ちが苦手《にがて》でしたが、ほかの子どもたちに負《ま》けたくなかったので、けんめいに練習《れんしゅう》しました。

三人の女の子は、近所《きんじょ》に住《す》むほかの子どもたちといっしょに詩集《ししゅう》も作っていました。たがいに短い詩を作り、さし絵をかくのです。休日や週末になると、子どもたちは合図のメロディーを口笛《くちぶえ》で吹《ふ》いて、たがいを呼《よ》びだします。ところが、アンネは口笛《くちぶえ》が吹《ふ》けません。そこで口笛《くちぶえ》のかわりに、短《みじか》い歌をヨーデルふうにうたいました。

オットー・フランク、そして娘《むすめ》のマルゴーとアンネは、まもなくオランダ語をじょうずに話せるようになりました。しかし、エーディトにとってオランダ語はむずかしいことばでした。故郷《こきょう》ドイツをなつかしむ気持《きも》ちが強すぎて、積極的《せっきょくてき》にオランダ語になじもうとする気持《きも》ちになれなかったのです。

とはいえ、いつも何かしら楽しいできごとがありました。一九三四年には家族《かぞく》そろって、アーヘンに住《す》むエーディトの母の家、ホーレンダー家に滞在《たいざい》し、海水浴場《かいすいよくじょう》にも行きました。同じ年の六月十二日、アンネは自宅《じたく》に親友のハンネやサンネなど数人の友だちを招《まね》き、五回目の誕生日《たんじょうび》を祝《いわ》いました。

アンネは学校が大すきでした。でも、授業中《じゅぎょうちゅう》にじっとすわったままでいるのはきらいでした。一方、別《べつ》の小学校に通う姉のマルゴーは、勉強熱心《べんきょうねっしん》な模範生《もはんせい》でした。早くから、大学へすすむことさえ話していました。

娘《むすめ》たちの性格《せいかく》のちがいを理解《りかい》していたオットーは、のちに、こう語っています。

「アンネは陽気《ようき》で活発《かっぱつ》で、女の子にも男の子にも人気がありました。おとなをよろこばせるかと思えば、あわてさせる。あの子が部屋《へや》に入ってくるたびに、大さわぎになったものです……。一方、マルゴーは聡明《そうめい》で、だれからも『いい子だね』と、ほめられる子どもでした。だれとでも、うまくつきあえる女の子でもありました。」

おさないころのアンネは、心臓《しんぞう》が弱く、リューマチ熱《ねつ》になやまされていたため、学校を休みがちでした。肩《かた》の関節《かんせつ》もはずれやすく、体育《たいいく》の授業《じゅぎょう》を見学席《けんがくせき》ですごすこともめずらしくありませんでした。もっとも、アンネ自身《じしん》は肩《かた》の関節《かんせつ》がはずれても痛《いた》みを感《かん》じなかったらしく、おもしろがって、男の子たちの前で実際《じっさい》に関節《かんせつ》をはずしたり入れたりしてみせました。

関節《かんせつ》の弱いアンネは、マット運動《うんどう》などは禁《きん》じられていましたが、水泳《すいえい》やアイススケートは楽しみました。姉のマルゴーも体がじょうぶなほうではなく、しばしば腹痛《ふくつう》を起《お》こしていました。そこで一九三五年と翌《よく》三六年の夏休み、アンネとマルゴーは、健康《けんこう》のためにスイスにある親戚《しんせき》の別荘《べっそう》ですごし、さんさんとかがやく太陽《たいよう》のもとで新鮮《しんせん》な空気を胸《むね》いっぱい吸《す》いこみました。

そのころドイツ国内では、いたるところでユダヤ人が逮捕《たいほ》されたり、国外に追放《ついほう》されたりしていましたが、アムステルダムのアンネとマルゴーは、毎日、楽しくすごしていました。親戚《しんせき》がたずねてくることもあれば、自分たちがスイスのいとこの家に行くこともありました。

アンネとハンネリが親しくなったように、おたがいの両親《りょうしん》も親しくつきあいはじめました。信心《しんじん》ぶかいホースラル一家は、自宅《じたく》でもユダヤ教の儀式《ぎしき》を欠《か》かしませんでした。

一方、オットー・フランクは宗教《しゅうきょう》に熱心《ねっしん》ではなく、ユダヤ教にもほとんど関心《かんしん》がありませんでした。妻《つま》のエーディトはユダヤ教を信仰《しんこう》し、夫《おっと》の実家《じっか》で暮《く》らしていた新婚時代《しんこんじだい》にはシナゴーグ（ユダヤ教会）にも通っていました。ただし、この教会の儀式《ぎしき》や戒律《かいりつ》は、かなりゆるやかなものでした。

ユダヤ教では土曜日が安息日《あんそくび》になっているため、毎週金曜日の晩《ばん》になると、フランク夫《ふ》妻《さい》はホースラル家に招《まね》かれて安息日《あんそくび》を祝《いわ》い、ホースラル氏《し》が夕食前に行う儀式《ぎしき》に加《くわ》わりました。ユダヤ教のお祭《まつ》りも、両家《りょうけ》はともに祝《いわ》いました。

クリスマスになると、おかえしに、フランク一家がホースラル夫妻《ふさい》を自宅《じたく》に招《まね》こうとしました。ところがホースラル氏《し》は、ユダヤ教の規則《きそく》にそった食事《しょくじ》しか口にしない人でした。フランク家のメニューには、ユダヤ教で禁《きん》じられている豚肉《ぶたにく》の料理《りょうり》もあります。食生活がちがいすぎるのです。そこで両家《りょうけ》が話し合い、ホースラル夫妻《ふさい》のかわりに、娘《むすめ》のハンネリがフランク家の食事《しょくじ》にたびたび招待《しょうたい》されることになりました。大みそかの夜も、両家《りょうけ》はいっしょにすごしました。

毎週、水曜日の午後と日曜日の朝、ハンネリはヘブライ語を勉強《べんきょう》していました。ヘブライ語は、話しことばとしては使《つか》われていませんでしたが、ユダヤ教の経典《きょうてん》となっている旧《きゅう》約聖書《やくせいしょ》は、ヘブライ語で書かれているのです。マルゴーも、ヘブライ語の授業《じゅぎょう》をうけていました。でも、アンネは、休日を父の事務所《じむしょ》ですごしました。そのほうがずっと楽しかったのです。日曜日の午後には、ヘブライ語の勉強《べんきょう》をすませたハンネリも、事務所《じむしょ》にやってきました。そして、アンネと二人で秘書《ひしょ》のまねをしたり、事務所《じむしょ》の電話をかけあったりしてあそびました。二人のお気に入りのいたずらは、近くを通りかかった人にアパートの窓《まど》からコップの水をかけることでした。

ユダヤ教徒《きょうと》のハンネリは、毎週、安息日《あんそくび》の土曜日になると学校を休み、マルゴーと同じ小学校の女生徒《じょせいと》といっしょにシナゴーグの礼拝《れいはい》に出席《しゅっせき》しました。アンネは二人の友情《ゆうじょう》をねたみ、のちに日記にこのときの気持《きも》ちを書いています。

しかし、実際《じっさい》には、当時のアンネとハンネリはとてもなかよしでした。たがいの秘密《ひみつ》をうちあけ、イギリスとオランダの王室の絵はがきを交換《こうかん》しあい、同じ歯医者《はいしゃ》に通っていました。二人だけの特別《とくべつ》なメロディーでたがいに合図しあい、一九三六年には、二人そろって同じ病気《びょうき》にかかったほどでした。

とくに重《おも》かったのは、はしかでした。このはしかのために、ハンネリは十二月六日から、アンネは十二月十日から学校を休まなければならなくなりました。それでも毎日、二人は電話でおしゃべりしました。すっかり回復《かいふく》してふつうの生活ができるようになったのは、クリスマスをむかえるころでした。もともとアンネは、「ひ弱な子」というあだ名がつくほど病気《びょうき》がちな子どもだったのです。

フランク一家は、しばしば自宅《じたく》に知人や友人を招《まね》いて、あたたかくもてなしていました。一家がとくに歓迎《かんげい》したのは、オットーの事務所《じむしょ》で働《はたら》くミープ・ザントルーシッツと、彼女《かのじょ》のボーイフレンドのヤン・ヒースでした。ヤンは、同じ河地区《かわちく》に住《す》む公務員《こうむいん》の男性《だんせい》でした。ミープもヤンもユダヤ人ではありませんでしたが、二人ともナチを憎《にく》んでいました。

フランク家の夕食に初《はじ》めて招《まね》かれた日、ミープとヤンは、心配《こころくば》りのゆきとどいた、感《かん》じのよい家庭《かてい》だと思いました。室内の家具《かぐ》調度《ちょうど》や、おちついた雰囲気《ふんいき》も気に入りました。

二人が到着《とうちゃく》してまもなく、アンネとマルゴーが自分たちの部屋《へや》からかけだしてきました。

二人の姉妹は同じような髪型《かみがた》と服装《ふくそう》でおめかししていましたが、姉のマルゴーのほうが、きちんとした印象《いんしょう》でした。まるで小さなヤングレディーのようです。

アンネはといえば、おしゃべりで自信《じしん》たっぷりで、おとなの会話にも堂々《どうどう》と割《わ》りこんできます。アンネのグリーンがかった灰色《はいいろ》の瞳《ひとみ》には、エネルギーとユーモアがあふれているようでした。しかし、おちゃめでにぎやかなアンネも、きちんとしつけられた子どもでした。若《わか》い二人のお客《きゃく》をむかえて楽しく食事《しょくじ》をすませると、マルゴーといっしょに自分たちの部屋《へや》にひきかえし、おとなしく宿題《しゅくだい》をはじめました。

一九三八年になると、九歳《さい》になったアンネの友だちのなかに、数人の男の子が加《くわ》わりました。ファッションや映画《えいが》スターに興味《きょうみ》をもちはじめたのも、このころです。いきいきとした陽気《ようき》なアンネは、学校でもパーティーでも目立っていました。男の子たちにも人気がありました。

同じ一九三八年、アンネとマルゴーは、いとこのシュテファンとバディーが住《す》むスイスへ父といっしょに旅行《りょこう》しました。このときの休暇《きゅうか》は、アンネにとって特別《とくべつ》なものになりました。バディーと、彼《かれ》のおばあさんのドレスを着《き》て映画《えいが》スターごっこをしたり、二人でいたずらをしあったり、人形劇《にんぎょうげき》をしたりして、思いきり楽しみました。けれど、気の合うバディーと会うのも、これが最後《さいご》になりました。その後は手紙のやりとりだけで、二度《ど》と再会《さいかい》できませんでした。

のちに、いとこのバディーが、そのときの思い出を語っています。

「アンネは、自分からあそびや楽しみを見つけるような子どもだったよ。ふざけるのも大すきだった。二人で祖母《そぼ》のドレスをひっぱりだして、仮装《かそう》ごっこをしたり、映画《えいが》スターのまねをしてあそんだものだ。でも、あの子にはがんこなところがあって、映画《えいが》のシーンを演《えん》じるときも、すてきな衣装《いしょう》を自分で着《き》ようとはしなかった。いちばんいい衣装《いしょう》は、必《かなら》ずわたしにゆずってくれた。そういえば、女装《じょそう》したわたしの姿《すがた》がおかしいといって、アンネが笑《わら》いころげたのをおぼえているよ……。姉のマルゴーは、やさしくて親切な女の子だった。でも、わたしは、アンネとあそぶことのほうが多かった。気の合う仲間《なかま》のようなあいだがらだったからね。」

そのころオットー・フランクは、アムステルダムでもう一つの会社、ペクタコン商会《しょうかい》を創立《そうりつ》しました。ソーセージの製造《せいぞう》に必要《ひつよう》な香辛料《こうしんりょう》をあつかう会社でした。信頼《しんらい》する古くからの友人、ヨハンネス・クレイマンを監査役《かんさやく》としてむかえ入れ、ペクタコン商会《しょうかい》とオペクタ商会《しょうかい》の経理《けいり》をまかせました。もう一人、やはりドイツから逃《に》げてきたヘルマン・ファン・ペルスにも、ペクタコン商会《しょうかい》の相談役《そうだんやく》を依頼《いらい》しました。ファン・ペルスは、どんなスパイスでも瞬時《しゅんじ》にいいあてるほどの、するどい嗅覚《きゅうかく》の持《も》ち主《ぬし》だったのです。ドイツにいたころは、やはりソーセージ用のスパイスを売っていました。

ファン・ペルスは、一九三七年六月に、妻《つま》と一人《ひとり》息子《むすこ》をつれてアムステルダムに移《うつ》り、フランク家の近所《きんじょ》のアパートを買って暮《く》らしていました。やがて彼《かれ》の家族《かぞく》は、土曜の午後にフランク家で催《もよお》されるコーヒーの会に招《まね》かれるようになりました。ドイツからの移民《いみん》やオランダで知り合った人々がつどい、はげましあう会でした。

ファン・ペルスは、たちまちペクタコン商会《しょうかい》にとけこみました。専門《せんもん》知識《ちしき》を生かして販《はん》売代理人《ばいだいりにん》から注文《ちゅうもん》をとり、従業員《じゅうぎょういん》の監督《かんとく》にあたるクーフレルにスパイスの調合《ちょうごう》についても教えました。きまじめなオットーやクーフレルとは異《こと》なり、ファン・ペルスは、冗談《じょうだん》ずきで、おおらかな性格《せいかく》でした。たいへんなヘビースモーカーで、コーヒーを飲《の》まないと仕事《しごと》ができないほどのコーヒー好《ず》きでもありました。

同じころ、若《わか》いベップ・フォスキュイルも新社員《しんしゃいん》として入社しました。めがねをかけた長身《ちょうしん》のベップは、一九一九年生まれのオランダ人で、九人きょうだいのいちばん上でした。内気な性格《せいかく》でしたが、心のやさしい女性《じょせい》でした。彼女《かのじょ》も、フランク家のコーヒーの会に加《くわ》わりました。

土曜の午後のコーヒーの会には、ドイツから移《うつ》ってきたユダヤ人の歯医者《はいしゃ》、フリッツ・プフェファーも参加《さんか》していました。やがてプフェファーも、フランク一家とともに同じ隠《かく》れ家《が》にひそむことになります。しかし、このときはまだ、将来《しょうらい》、自分たちが一つの家で暮《く》らすことになろうとは、だれ一人として考えてもいませんでした。

一九三九年三月、アーヘンにいるエーディトの母、ローザ・ホーレンダーも、ついにアムステルダムのフランク家に移《うつ》ってきました。国境《こっきょう》近くのアーヘンにも危険《きけん》がせまってきたのです。同じ年、エーディトの兄、ユーリウスとバルターは、相次《あいつ》いでアメリカに亡命《ぼうめい》しました。その後しばらくすると、彼《かれ》らはアムステルダムの母や妹と連絡《れんらく》をとりあうことができなくなりました。

アンネは、おばあちゃんといっしょに住《す》めるようになって、とても幸《しあわ》せな気分でした。ホーレンダー家のローザおばあちゃんは七十二歳《さい》で、孫《まご》のアンネが語る学校の話や友だちの話をよろこんできいてくれました。夏になると、娘夫婦《むすめふうふ》や孫《まご》たちと日帰りで海に行ったり、一九四一年には、アンネの十二回目の誕生《たんじょう》パーティーの準備《じゅんび》を手伝《てつだ》ったりもしました。

一九四〇年の終《お》わりごろ、ファン・ヘルデル先生は、アンネが大きな夢《ゆめ》をいだいていることに気がつきました。アンネは将来《しょうらい》、作家になりたいと思っていたのです。ヘルデル先生は、アンネが小学校四年生になるまでずっと、クラスの担任《たんにん》をしていました。そのころのアンネは健康《けんこう》になり、学校を休むこともなくなっていました。勉学《べんがく》にはげみ、だれよりもたくさんの質問《しつもん》をしました。数学は苦手《にがて》でしたが、絵や作文をかき、歴史《れきし》を学ぶのがすきでした。

五年生になると、担任《たんにん》がハドロンという女の先生にかわり、最後《さいご》の一年間は女性《じょせい》校長のキューペルス先生がアンネのクラスを担任《たんにん》しました。キューペルス校長先生は、小学校時代のアンネをよくおぼえていました。

「あの子は、とてもいい生徒《せいと》でしたよ。学校や勉強《べんきょう》に興味《きょうみ》をもっていました……。最後《さいご》の年は、とりわけすばらしい年になりました。劇《げき》を上演《じょうえん》することになったのです。台本を書く段階《だんかい》から、アンネはいろいろなアイディアをだしてきました。そして、みごとに本領《ほんりょう》を発揮《はっき》したのです。もちろん、劇《げき》でも大役《たいやく》をつとめましたよ。もともと小柄《こがら》な子でしたが、女王や王女の役《やく》を演《えん》じるときの彼女《かのじょ》は、急《きゅう》にほかの生徒《せいと》よりも大きくなったように見えました。」

一九四〇年の春、アンネとマルゴーは、アメリカに住《す》む同じ年ごろの女の子と文通をはじめました。文通できるようにとりはからったのは、学校の先生でした。アンネのペンパルは、ホワニータ・ワグナー。アイオワ州《しゅう》のダンビル村に住《す》む農家《のうか》の娘《むすめ》でした。ホワニータの手紙には、自分の家や家族《かぞく》、姉のベッティ・アンのことが書かれていました。すぐに、アンネは返信《へんしん》しました。

「四月二十九日、月曜日、アムステルダムにて。

親愛《しんあい》なるホワニータ、あなたの手紙をうけとってすぐに、お返事《へんじ》を書いています。

わが家には、姉のマルゴーとわたしと、子どもは二人しかいません。いまは、おばあちゃんもいっしょに暮《く》らしています。お父さんは会社の経営《けいえい》、そして、お母さんは忙《いそが》しい家事《かじ》をこなしています。

いま、わたしは五年生。学校は家の近くにあります。それに、学校では科目も授業時間《じゅぎょうじかん》も決《き》まってなくて、自分の意思《いし》で自由《じゆう》に勉強《べんきょう》できます。ユニークな教え方なんです。あなたのお母さんも、きっとごぞんじだと思います。この教育《きょういく》は、モンテッソーリ方式《ほうしき》と呼《よ》ばれています。宿題《しゅくだい》もほとんどありません。

アメリカの地図を見ているとき、ダンビルの近くにバーリントンという地名があることに気がつきました。それで、親しい女の子に、『アメリカの子と文通してみない？』と、きいてみました。すると、その子は、女の子のペンパルがほしいっていいました。男の子はいやなんですって。その子の住所《じゅうしょ》も書いておきます。

あなたは、お手紙を自分で書いたんですか？　それとも、お母さんですか？　アムステルダムの絵はがきも同封《どうふう》しておきますね。これからも、お手紙を書くたびに、絵はがきをお送《おく》りするつもりです。絵はがきはたくさん集《あつ》めていて、もう八百枚《まい》くらいたまりましたから。以前《いぜん》、学校でいっしょに勉強《べんきょう》していた女の子がニューヨークに移《うつ》り、少し前、クラスのみんなにあてて手紙を送《おく》ってくれました。

あなたとベッティのお写真《しゃしん》があったら、一枚《まい》、送《おく》ってくれませんか？　あなたたちがどんな顔なのか、すごく興味《きょうみ》があるんです。わたしの誕生日《たんじょうび》は、六月十二日です。あなたの誕生日《たんじょうび》も教えてくださいね。あなたのお友だちのほうから先に、わたしの友だちあてのお手紙がとどくかもしれませんね。その女の子も英語《えいご》は書けません。でも、彼女《かのじょ》のお父さんかお母さんに、手紙の内容《ないよう》を訳《やく》してもらえると思います。お返事《へんじ》を待《ま》っています。

永遠《えいえん》なるオランダの友、アネリース・マリー・フランク」

アンネは手紙に加《くわ》え、絵はがき、写真《しゃしん》、ホワニータの姉にあてたマルゴーの手紙を同封《どうふう》しました。そして、絵はがきにはこんな文章《ぶんしょう》を書きそえました。

「親愛《しんあい》なるホワニータ、この絵はがきの写真《しゃしん》は、アムステルダムにある古い運河《うんが》です。ただし、アムステルダムにたくさんある運河《うんが》の一つというだけです。町のいたるところに大きな運河《うんが》があり、どの運河《うんが》にも橋《はし》がかかっています。橋《はし》は、町全体《まちぜんたい》で三百四十くらいあります。アンネ・フランク」

アンネは、詩《し》や文章《ぶんしょう》を書くのが大すきな女の子でした。一九四〇年三月四日には、友だちのヘニー・スヘールデルのアルバムに自分で作った詩《し》を書き、ヒナギクとバラと忘《わす》れな草《ぐさ》の貼《は》り絵《え》でその詩《し》をかざりました。

「ささやかながら、これをあなたにささげます。バラの花と忘《わす》れな草《ぐさ》をつんでくださいね。」

そしてページのすみに、「わが手で書かれ、わが手で描《えが》かれる。わが名はアンネ・フランク」と記しています。

また、別《べつ》のページには、バスケットに入った赤いバラと白い花、緑《みどり》の葉《は》をデザインした打《う》ち出《だ》しもようの貼《は》り絵《え》をはりつけ、花束《はなたば》のまんなかに手紙を運《はこ》ぶ一羽のハトを描《えが》きました。さらに、ページのコーナーごとに、「わたしを忘《わす》れないでね」ということばも書きくわえました。

オットーとエーディトは、娘《むすめ》たちの成長《せいちょう》を記録《きろく》するために、毎年、写真館《しゃしんかん》に足を運《はこ》んで写真《しゃしん》をとってもらっていました。一九四〇年に撮影《さつえい》された数枚《すうまい》の写真《しゃしん》のなかで、アンネはやや前かがみになり、腕《うで》を組んでほほえみながらすわっています。それぞれの写真《しゃしん》のわきには、アンネ自身《じしん》の短《みじか》い感想文《かんそうぶん》も入っています。

「状況《じょうきょう》はだんだん悪《わる》くなってきたけれど、それでもまだ、おかしなことがあれば、ほほえむくらいのゆとりはあります。」

「まあ、笑《わら》わさないで！」

「次《つぎ》は何なの？」

「おかしな話ね。」

ある写真《しゃしん》では、アンネはほほえみながら頭をわずかにかたむけ、もの思いにでもふけっているように見えます。この写真《しゃしん》の余白《よはく》にも、アンネ自身《じしん》の感想《かんそう》が入っています。

「いつも、この写真《しゃしん》のようにうつるといいのに。そうすれば、ハリウッドの女優《じょゆう》になるチャンスだってあるかもしれない。でも、あいにく、いつものわたしは、こんなにかわいらしく見えないわ。」


一九四〇年五月十日の朝早く、ドイツ軍《ぐん》はオランダにまで侵攻《しんこう》してきました。それからわずか四日後の十四日、オランダ軍《ぐん》は降伏《こうふく》し、翌《よく》十五日の正午近くには、正式《せいしき》に降伏文書《こうふくぶんしょ》に調印《ちょういん》しました。

ついにオランダは、ドイツ軍《ぐん》に占領《せんりょう》されてしまったのです。

1934年、ザントフォールト海水浴場《かいすいよくじょう》ですごすフランク一家。左からマルゴー、アンネ、母のエーディト。後ろの女性《じょせい》は、フランク一家がドイツのフランクフルトで暮《く》らしていたころ、オットーの秘書《ひしょ》をつとめていました。

1934年－1935年。メルベデ広場の前に立つアンネ(右)と親友のサンネ・レーデルマン(左)。

1935年。夏休みをスイスの避暑地《ひしょち》
ジルス＝マリーアですごすアンネ。

1935年。自由《じゆう》な校風で知られるモンテッソーリ・スクールの授業風景《じゅぎょうふうけい》。アンネは、写真中《しゃしんちゅう》
央《おう》のやや左、両手《りょうて》をひざに置《お》いて椅子《いす》にすわっています。

1939年９月２日。10歳《さい》のアンネ。アムステルダム近郊《きんこう》の町、ラーレンにて。この翌日《よくじつ》の９月３日、フランスとイギリスはドイツに宣戦《せんせん》布告《ふこく》しました。

1939年。アンネの10回目の誕生《たんじょう》パーティーに招《まね》かれた友だちとともに。なかよし３人組のアンネ、サンネ、ハンネリは、それぞれ左から２人目、３人目、４人目にならんで写《うつ》っています。右から４人目は、キティー・エへイェディ。『アンネの日記』に登場《とうじょう》する架空《かくう》の友人、キティーのモデルになったのは、彼女《かのじょ》ではないかともいわれています。

第3章　すべてが禁《きん》じられて

「いまやオランダはドイツ軍《ぐん》に支配《しはい》され、
わたしたちにとって、
本当の苦難《くなん》の時代《じだい》がはじまります……。」
（『アンネの日記』一九四二年六月二十日）

Chapter3

＊フランク一家

アンネ・フランク

オットー……………父

エーディト…………母

マルゴー……………姉

＊アンネの親戚《しんせき》

ローザ・ホーレンダー………母方《ははかた》の祖母《そぼ》

バディー・エリーアス………いとこ

＊アンネの友だち

ハンネリ・ホースラル………家族《かぞく》ぐるみでフランク家とつきあう

サンネ・レーデルマン………アンネ、ハンネリとともに三人組と呼《よ》ばれるなかよし

ジャクリーヌ・ファン・マールセン……アンネの親友。愛称《あいしょう》ジャック

ヘロー・シルベルベルフ……………アンネのボーイフレンド

＊オットーの会社の関係者《かんけいしゃ》

ビクトル・クーフレル………………役員《やくいん》

ヨハンネス・クレイマン……………役員《やくいん》。オットーの古い友人

ヘルマン・ファン・ペルス…………香辛料《こうしんりょう》の専門家《せんもんか》

ミープ・ザントルーシッツ…………女性社員《じょせいしゃいん》

ヤン・ヒース…………………………ミープの夫《おっと》

ベップ・フォスキュイル……………女性社員《じょせいしゃいん》

ドイツ軍《ぐん》がオランダを占領《せんりょう》してからしばらくのあいだ、アムステルダムでは大きな変化《へんか》もなく、いままでどおりの日常生活《にちじょうせいかつ》がつづいていました。アンネの日々も、おだやかにすぎていきました。なかよし三人組のアンネとサンネとハンネリは、広場に集《あつ》まってはファッション雑誌《ざっし》をめくったり、映画《えいが》スターの話をしたり、男の子たちのうわさ話をしあってくすくす笑《わら》ったりしていました。

同じメルベデ広場に住《す》んでいた友だちのエーファ・ガイリンガーが、のちに、当時のアンネについて語っています。

「あのころのアンネは男の子に関心《かんしん》をもち、気をひこうとすることもありました。実際《じっさい》にボーイフレンドもいました。流行《りゅうこう》に敏感《びんかん》で、自分の身《み》なりにも気をつかい、いつもほほえみを忘《わす》れませんでした。一方、姉のマルゴーは、口数が少なくて、ひかえめな性格《せいかく》でした。母親のエーディトもやさしくて、おだやかな女性《じょせい》でしたが、目立つタイプではありませんでした。父親のオットーは、アンネと同じように前向《まえむ》きで、社交的《しゃこうてき》で、内面《ないめん》のあたたかさをじかに感《かん》じとることができました。」

ドイツ軍《ぐん》が進駐《しんちゅう》してからも、夏のあいだ、フランク一家は、週末《しゅうまつ》になるとアムステルダム郊外《こうがい》を散策《さんさく》し、すばらしい気候《きこう》や風景《ふうけい》を満喫《まんきつ》していました。ハンネリ・ホースラルの家《か》族《ぞく》とも、親しい交際《こうさい》をつづけていました。

ユダヤ教の祭《まつ》りの日には、歌や踊《おど》りや宴会《えんかい》、それに仮装大会《かそうたいかい》が催《もよお》されます。ある年の祭《まつ》りの日、ハンネリの父親はヒトラーの扮装《ふんそう》をしました。いつもはオールバックにしている黒髪《くろかみ》を横《よこ》になでつけ、黒い口ひげをヒトラーのスタイルに似《に》せると、レインコートを着《き》てフランク家のドアベルを鳴らしたのです。玄関《げんかん》ドアをあけたフランク夫妻《ふさい》は、一瞬《いっしゅん》、ぞっとしてその場に立ちすくみました。ヒトラー本人がやってきたと思ったのです。しかし、やがてホースラル氏《し》の扮装《ふんそう》だとわかると、ついにフランク夫妻《ふさい》は笑《わら》いだしました。ハンス・ホースラルは敬虔《けいけん》なユダヤ教徒《きょうと》でしたが、ユーモラスな一面《いちめん》もそなえていたのです。

一九四〇年十二月一日、アンネの父親が経営《けいえい》するオペクタ商会《しょうかい》とペクタコン商会《しょうかい》は、アムステルダム市内《しない》のヨルダーン地区《ちく》に事務所《じむしょ》を移《うつ》しました。プリンセンフラハト二六三番地にあるレンガ造《づく》りの四階建《かいだ》ての建物《たてもの》で、正面《しょうめん》を運河《うんが》が流《なが》れていました。現在《げんざい》ではアンネと彼女《かのじょ》の家族《かぞく》の隠《かく》れ家《が》として有名《ゆうめい》ですが、当時はオットー・フランクの仕事場《しごとば》でした。

建物《たてもの》の一階《かい》は倉庫《そうこ》に、そして二階《かい》が事務所《じむしょ》になりました。二階《かい》の急《きゅう》な階段《かいだん》を通じて三階《がい》にあがると、そこには大きな段《だん》ボール箱《ばこ》や、ジャムやスパイス製造用《せいぞうよう》の原料《げんりょう》をつめた袋《ふくろ》が置《お》かれ、四階《かい》の屋根裏部屋《やねうらべや》も倉庫《そうこ》として使《つか》われました。運河《うんが》ぞいの建物《たてもの》によく見られるように、この建物《たてもの》にもうしろに離《はな》れ家《や》がついていました。オランダでは、こうした離《はな》れは、「うしろの家」と呼《よ》ばれています。このうしろの家の三階《がい》と四階《かい》は放置《ほうち》されていましたが、オットーは二階《かい》を自分用のオフィスと従業員用《じゅうぎょういんよう》のキッチンに使《つか》いました。

やがてナチは、オランダ在住《ざいじゅう》のユダヤ人に対《たい》するしめつけを強化《きょうか》しはじめました。ユダヤ人による事業活動《じぎょうかつどう》や会社経営《かいしゃけいえい》を禁止《きんし》したのです。しかし、オットーは早めに手を打《う》ち、二つの会社を救《すく》うことができました。ペクタコン商会《しょうかい》の社名をヒース商会《しょうかい》と変更《へんこう》し、ミープのボーイフレンド、ヤン・ヒースが設立《せつりつ》した会社に見せかけたのです。オペクタ商会《しょうかい》も同じような措置《そち》がとられ、社長の座《ざ》は、オットーから監査役《かんさやく》の友人、ヨハンネス・クレイマンへと移《うつ》りました。この試《こころ》みは成功《せいこう》しました。からくりはナチに気づかれないまま、ペクタコン商会《しょうかい》とオペクタ商会《しょうかい》の引《ひ》き継《つ》ぎは比較的《ひかくてき》すんなりと行われたのです。

一九四一年の初《はじ》め、アンネはスイスの親戚《しんせき》にあてた二通の手紙の中で、アイススケートに熱中《ねっちゅう》していることを書いています。一通目は、こんな文面《ぶんめん》でした。

「ひまなときはいつも、スケート場に通って講習《こうしゅう》をうけ、ワルツの踊《おど》り方《かた》やジャンプを教わっているので、いまでは何だってできます。」

もう一通の手紙は、こんな文章《ぶんしょう》でしめくくられていました。

「……スケートがうまくなったら、スイス旅行《りょこう》につれてってあげるって、パパが約束《やくそく》してくれました。」

しかしまもなく、ドイツ軍《ぐん》はユダヤ人に対《たい》して、公共《こうきょう》のプールやスケート場、公園などへの立ち入りを禁止《きんし》する法律《ほうりつ》を発布《はっぷ》しました。スイス旅行《りょこう》をするという、アンネと父との約束《やくそく》も実現《じつげん》しませんでした。やがてユダヤ人は、オランダ国外にでることも許《ゆる》されなくなるからです。

一九四一年六月十二日、アンネは十二回目の誕生日《たんじょうび》をむかえました。そのころになると、ユダヤ人のアンネは、すきな場所《ばしょ》に自由《じゆう》に出入りする権利《けんり》をうばわれてしまいました。けれど、父のオットーはせいいっぱい手をつくし、娘《むすめ》たちを日帰り旅行《りょこう》につれだして、なんとか息抜《いきぬ》きさせてやろうとしました。

同じ年の七月十六日には、わくわくするようなできごとがありました。ヤンとミープが結婚《けっこん》したのです。アンネとマルゴーは父とともに、市役所《しやくしょ》で行われる結婚式《けっこんしき》に出席《しゅっせき》しました。髪《かみ》をあごのあたりで切りそろえ、新しいドレスと上着《うわぎ》を着《き》たアンネは、いつもにもましてはつらつとしていました。母のエーディトは、同居《どうきょ》しているローザおばあちゃんの看護《かんご》のために結婚式《けっこんしき》を欠席《けっせき》しました。そのころ、ローザおばあちゃんは、がんにおかされ入院《にゅういん》していたのです。

挙式後《きょしきご》まもなく、フランク家を訪問《ほうもん》したヤンとミープは、アンネとマルゴーの変化《へんか》に気づいておどろきました。マルゴーは病気《びょうき》がちで、ますます口数が少なくなっていました。

とはいえ、やさしい、おだやかな性格《せいかく》は以前《いぜん》のままでした。一方、アンネは、学校や友だち、男友だち、そして映画《えいが》スターを話題《わだい》にして、ひっきりなしにしゃべりました。

夏休みのあいだ、アンネはサンネ・レーデルマンと彼女《かのじょ》の両親《りょうしん》にさそわれて、アムステルダムから八十キロほどはなれた田舎《いなか》に行き、レーデルマン家の親戚《しんせき》が所有《しょゆう》する別荘《べっそう》ですごしました。

同じ一九四一年の八月二十九日、また新たな法律《ほうりつ》が制定《せいてい》され、オランダに住《す》むユダヤ人の生活は、すっかり変《か》わってしまいました。ドイツと同じように、ユダヤ人の子どもは、ユダヤ人以外《いがい》の子どもと同じ学校で学ぶことができなくなったのです。モンテッソーリ・スクールに通学するユダヤ系《けい》の生徒《せいと》たちも、例外《れいがい》ではありませんでした。

アンネとマルゴーは大きなショックをうけました。ユダヤ人以外《いがい》の友だちとは自由《じゆう》に交際《こうさい》することができなくなったのです。二人は、三階建《がいだ》てのユダヤ人学校に転校《てんこう》させられました。校舎《こうしゃ》の正面《しょうめん》と裏手《うらて》には、コンクリートの長い運動場《うんどうじょう》がありました。

アンネとハンネリは中学一年生になり、四年生に進級《しんきゅう》したマルゴーは、親友のイェテケ・フレイダと同じクラスになりました。

アンネが新しい親友に出会ったのも、ちょうどそのころでした。同じユダヤ人中学校に通うジャクリーヌ・ファン・マールセンという女の子で、両親《りょうしん》や友だちからジャックと呼《よ》ばれていました。家はやはり河地区《かわちく》にあり、アンネの家と目と鼻《はな》の先に住《す》んでいました。ジャックの母はフランス人でしたが、父がユダヤ人だったため、新しい法律《ほうりつ》によってアンネと同じようにユダヤ人学校に通わなければならなくなったのです。

中学校での第《だい》一日目を終《お》えると、ジャックは自転車《じてんしゃ》で下校《げこう》しはじめました。その途中《とちゅう》、うしろからだれかに呼《よ》ばれ、ジャックはふりかえりました。呼《よ》びかけたのは、やはり自転《じてん》車《しゃ》に乗《の》ったアンネ・フランクでした。アンネはジャックに追《お》いつくと、自己紹介《じこしょうかい》しました。

「わたしたち、これからは家までいっしょに帰れるわね。わたしはメルベデ広場に住《す》んでるの。」

帰りの道々《みちみち》、アンネはしゃべりつづけました。小学校時代《じだい》の友だちについて話し、ジャックを自宅《じたく》に招《まね》きました。

たちまち、アンネとジャックは意気投合《いきとうごう》しました。二人の趣味《しゅみ》は似《に》かよっていました。二人とも同じ本を読み、神話《しんわ》に興味《きょうみ》をもっていました。チェスやすごろくあそびがすきなところや、映画《えいが》スターの絵はがきを集《あつ》めているところもいっしょでした。アンネの家は、しばしばミニ・シアターに早変《はやが》わりしました。アンネとジャックが準備《じゅんび》をととのえると、父のオットーが映写機《えいしゃき》をまわし、母のエーディトが手作りクッキーをふるまうのです。本物《ほんもの》のシアターのように手製《てせい》の招待券《しょうたいけん》まで用意《ようい》して、あらかじめ友だちに配《くば》ってありました。

家がすぐ近くにあるにもかかわらず、アンネとジャックは、しょっちゅうたがいの家に寝泊《ねと》まりしました。ジャックの家に泊《と》まりに行くとき、アンネはスーツケースと、カーラーやヘアブラシ入りのバッグを持《も》ち運《はこ》びました。スーツケースのなかはからっぽでした。それでもアンネは、スーツケースを持《も》たないと旅行《りょこう》している気分にならないといいはり、決《けっ》してその習慣《しゅうかん》を変《か》えようとはしませんでした。

ジャックと知り合ってまもなく、アンネは父とオランダ東部《とうぶ》のアルンヘムまで小旅行《しょうりょこう》しました。オットー・フランクは、スイスの親戚《しんせき》にあてた絵はがきにこう書いています。

「長く滞在《たいざい》する予定《よてい》はありません。少しのあいだ、平和《へいわ》でおだやかな時間をもちたかっただけです。しかし、一人旅《ひとりたび》をする気にはなれませんでした。アンネはいつも楽しい道連《みちづ》れになってくれますから、ほんの数日、学校を休ませました。」

絵はがきの表《おもて》には、二人が宿泊《しゅくはく》しているホテルの写真《しゃしん》が印刷《いんさつ》されていました。アンネは写真《しゃしん》の上にこう書きそえました。

「わたしたちが泊《と》まっているのは、このホテルです！　森のまっただなかにあるホテル！すてきでしょう？」


一九四二年一月二十九日は、フランク一家にとって、とても悲《かな》しい一日になりました。アンネの祖母《そぼ》、ローザ・ホーレンダーが亡《な》くなったのです。アンネも、おばあちゃんの死《し》を心から悲《かな》しみました。

ローザ・ホーレンダーが亡《な》くなる前の一月二十日、オットーはオランダの移民局《いみんきょく》にイギリスへの移住《いじゅう》を申告《しんこく》しています。ヘルマン・ファン・ペルスの一家もアメリカへの移住《いじゅう》を申《もう》しこみました。しかし、両家《りょうけ》がうけとったのは、移住申請《いじゅうしんせい》に対《たい》する正式通知《せいしきつうち》はおくれるという知らせだけでした。

それから三か月後の一九四二年四月、フランク家とファン・ペルス家は、ユダヤ教の祭《まつ》りをともに祝《いわ》いました。しかし、本当の目的《もくてき》は、これからの身《み》の振《ふ》り方《かた》を相談《そうだん》することでした。そして、オットー・フランクとヘルマン・ファン・ペルスは、強制収容所《きょうせいしゅうようじょ》へ送《おく》られる前にひそかに身《み》をかくす決心《けっしん》をしたのです。隠《かく》れ家《が》として選《えら》ばれたのは、プリンセンフラハト二六三番地、オットーが事務所《じむしょ》として使《つか》っている建物《たてもの》の離《はな》れでした。

オットーの会社で働《はたら》くクーフレル、クレイマン、ベップ、ミープの四人は、潜伏《せんぷく》するユダヤ人家族《かぞく》のために食糧《しょくりょう》や日用品《にちようひん》を運《はこ》びこむ役目《やくめ》をひきうけ、秘密《ひみつ》を守《まも》ると約束《やくそく》しました。ユダヤ人をかくまっていることが知れたら、重罪人《じゅうざいにん》として投獄《とうごく》されるか殺《ころ》されるか、そのどちらかしかありません。それでも、四人はためらいませんでした。すすんで、危険《きけん》な役《やく》目《め》をひきうけたのです。

ひそかに、潜伏《せんぷく》の準備《じゅんび》がはじまりました。事務所《じむしょ》のうしろにある離《はな》れは、きれいに掃除《そうじ》され、まず食糧《しょくりょう》、寝具《しんぐ》、タオル、石けん、調理道具《ちょうりどうぐ》などが運《はこ》びこまれました。家具《かぐ》やそのほかの大きな道具《どうぐ》は、事務所《じむしょ》がしまる夕方以降《いこう》に小型《こがた》トラックで隠《かく》れ家《が》に移《うつ》されました。離《はな》れ隠《かく》れ家内部《がないぶ》の準備《じゅんび》は、目立たないように週末《しゅうまつ》か平日《へいじつ》の夜に少しずつ進《すす》められました。離《はな》れと向《む》かい合《あ》う表側《おもてがわ》の事務所《じむしょ》の窓《まど》も、青い紙でおおわれました。うしろにある離《はな》れが、事務《じむ》所《しょ》の窓《まど》ごしに倉庫係《そうこがかり》や事務所《じむしょ》を訪《たず》ねる客《きゃく》の目にふれるのをおそれたからです。

準備《じゅんび》は、すっかりととのいました。フランク一家とファン・ペルス一家は、一九四二年七月に隠《かく》れ家《が》に移《うつ》ることになりました。

アンネとマルゴーは、直前まで潜伏計画《せんぷくけいかく》を知らされませんでした。せめて隠《かく》れ家《が》に移《うつ》るまでは娘《むすめ》たちに自由《じゆう》な時間を楽しませてやりたいという、オットーの親心《おやごころ》があったからです。ユダヤ人の子どもたちは自由《じゆう》にあそび歩くことができませんでしたが、それでもせいいっぱい楽しもうと努力《どりょく》していました。スポーツ施設《しせつ》の使用《しよう》を禁《きん》じられたユダヤ人の子どもたちは、家庭《かてい》で楽しめるあそびを見つけなければなりません。アンネ、ハンネリ、ジャック、サンネのなかよしグループは、イルセ・バーハネルという少女を加《くわ》えた五人でクラブを作り、イルセの家に集《あつ》まって居間《いま》で卓球《たっきゅう》を楽しむようになりました。卓球《たっきゅう》のあとは、ユダヤ人が入れるアイスクリーム屋《や》にくりだし、店先にすわって男の子たちを相手《あいて》にふざけあって気晴らしをしました。

オットーは、娘《むすめ》のアンネが友だちとの交際《こうさい》を楽しんでいることを知っていました。のちに、彼《かれ》は娘《むすめ》についてこんなふうに書いています。

「アンネは活動的《かつどうてき》な子どもで、どこにいてもつねにグループの中心でした。何をしてあそぶかとか、どこであそぶかとか……いつも何かしら楽しいアイディアをだしてくるため、友人たちにも愛《あい》されていました。……そしてもう一つ、アンネには目立つ特徴《とくちょう》がありました。疑問《ぎもん》を感《かん》じるたびに質問《しつもん》するくせです。これには少し閉口《へいこう》することもありました。疑《ぎ》問《もん》が解《と》けるまで、アンネはとことん質問《しつもん》をつづけるのです。わたしと二人きりのときだろうと、ほかの人がいるときだろうと、娘《むすめ》のこのくせは変《か》わりませんでした。客《きゃく》が訪《たず》ねてくると、アンネを追《お》いはらうのはひと苦労《くろう》でした。好奇心《こうきしん》の強いアンネにとっては、あらゆる客《きゃく》、あらゆるものが興味《きょうみ》の対象《たいしょう》になるのですから。」

一九四二年六月二日、スイスに住《す》むいとこのバディーが十七歳《さい》の誕生日《たんじょうび》をむかえました。アンネはお祝《いわ》いの手紙を書きました。

「聖霊降臨祭《せいれいこうりんさい》のお休みが五日間つづいています。すばらしい休暇《きゅうか》になったわ！　毎日、楽しくあそび歩いています。今夜は十時まで外出です。でも、帰宅《きたく》がおそくなると、いつも男の子が家まで送《おく》ってくれます。ガールフレンドとはうまくいってますか？　ほら、前に写真《しゃしん》を送《おく》ってくれた女の子がいたでしょう？　その子のことをもっと教えてください。すごく関心《かんしん》があります。マルゴーにもボーイフレンドがいます。でも、その男の子って、わたしより年下なんですよ！」

そのすぐあとの六月十二日の金曜日には、アンネ自身《じしん》が十三回目の誕生日《たんじょうび》をむかえました。お気に入りのプレゼントは、父から贈《おく》られた小さなサイン帳《ちょう》でした。表紙全体《ひょうしぜんたい》に赤と白のかわいいチェックのもようが入っていました。アンネはこのサイン帳《ちょう》を日記帳《にっきちょう》として使《つか》うつもりでした。その朝、ハンネリが早めにアンネをさそいに来ると、登校前《とうこうまえ》の時間を利用《りよう》して、アンネは親友にプレゼントの日記帳《にっきちょう》を見せました。

居間《いま》には、アンネに贈《おく》られたほかの誕生《たんじょう》プレゼントがずらりとならんでいました。プレゼントの花々も部屋《へや》じゅうにかざられていました。キッチンでは、母のエーディトが腕《うで》によりをかけて、お祝《いわ》いのストロベリータルトを焼《や》いているところでした。父のオットーは椅子《いす》にくつろぎ、いつものようにハンネリを相手《あいて》に楽しい冗談《じょうだん》をいって笑《わら》わせました。アンネは、母からクッキー入りのバスケットをわたされると、自分で焼《や》いたクッキーも加《くわ》え、ハンネリといっしょに学校に向《む》かいました。

午後になると、アンネは、なかよしのハンネリ、ジャック、サンネ、イルセから共同《きょうどう》のプレゼントを手わたされました。『オランダの伝説《でんせつ》と物語《ものがたり》』というタイトルの本でした。

その夜、アンネは、父から贈《おく》られたチェックの日記帳《にっきちょう》の一ページ目に、さっそく日記を書きました。それから、一九四一年の冬にとった学校の写真《しゃしん》をはりつけ、「すてきな写真《しゃしん》でしょ！」ということばを入れました。日記帳《にっきちょう》の見返《みかえ》しの部分《ぶぶん》には、こう書きしるしました。

「これまでだれにも話せなかったことまで、すべて告白《こくはく》させてくださいね。そして、わたしの大きな支《ささ》えとなぐさめになってください。」

アンネが日記帳《にっきちょう》をプレゼントされたことは、友人たち全員《ぜんいん》が知っていました。しかし、あけっぴろげな性格《せいかく》のアンネも、日記だけはだれにも読ませようとしませんでした。

アンネの誕生《たんじょう》パーティーは二日後の日曜日にひらかれ、大勢《おおぜい》の友だちが招《まね》かれました。

後年、ハンネリが、このパーティーについて回想《かいそう》しています。

「アンネの両親《りょうしん》が、ストロベリータルトをのせた陶製《とうせい》のお皿《さら》とミルク入りのグラスを、みんなに手わたしました。パーティーには、マルゴーと彼女《かのじょ》の親友のイェテケも参加《さんか》していました。その日いちばんの見せ物《みもの》は、上映会《じょうえいかい》でした。フランクさんが映写機《えいしゃき》の準備《じゅんび》をすませると、窓《まど》のブラインドがすべてひきおろされ、室内が暗《くら》くなったところで『名犬リンチンチン』の映写《えいしゃ》がはじまりました。」

その日のハンネリは、まだ赤ちゃんの妹ハビーの世話《せわ》を手伝《てつだ》うために、早めに帰宅《きたく》しなければなりませんでした。アンネとジャックがひそひそ話をしている姿《すがた》を目にして、やきもちを焼《や》いたこともおぼえていました。なかよしグループのあいだでも、ときには、仲《なか》たがいや口げんかもありました。しかし、けんかが長引くことは一度《ど》もありませんでした。

同じころ、アンネは、ヘロー・シルベルベルフという名の男の子と親しくつきあいはじめました。ヘローがアムステルダムにやってきたのは、一九三八年。一人きりでドイツを逃《に》げだし、メルベデ広場のすぐ近くに住《す》む祖父母《そふぼ》の家に移《うつ》ってきたのです。このハンサムな十六歳《さい》の少年とアンネをひきあわせたのは、ヘローのいとこでした。

のちに、ヘローは語っています。

「アンネは、とても魅力的《みりょくてき》な女の子でした。いきいきとしていて機転《きてん》がきいて、人を笑《わら》わせたり、楽しませたりするのが大すきでした。はっきりと記憶《きおく》にのこっているのは、いつも大きな椅子《いす》にすわり、あごに両手《りょうて》をそえて、じっとわたしを見つめているアンネの姿《すがた》です。……たぶん、わたしはアンネに恋《こい》していたのでしょう。ひょっとしたら、彼女《かのじょ》も同じ気持《きも》ちだったかもしれません。」

アンネの両親《りょうしん》はヘローに好感《こうかん》をもち、自宅《じたく》に何度《なんど》かあそびに来た彼《かれ》を歓待《かんたい》しました。しかし、ヘローの祖母《そぼ》は、年端《としは》のいかないアンネとの交際《こうさい》に反対《はんたい》しました。

「反対《はんたい》されてるのに、こそこそ会うなんてむりでしょ？」

と、アンネが気にして質問《しつもん》すると、ヘローはこともなげに答えました。

「愛《あい》が手段《しゅだん》を見つけるさ！」

まもなく学年末《がくねんまつ》をむかえ、中学校の生徒《せいと》たちに通知表《つうちひょう》がわたされました。マルゴーの成《せい》績《せき》は、いつものように優秀《ゆうしゅう》でした。アンネの成績《せいせき》も期待以上《きたいいじょう》でした。ただし、代数《だいすう》だけは、ハンネリといっしょに九月に追試験《ついしけん》をうけなければならなくなりました。

父の口からアンネに潜伏計画《せんぷくけいかく》が知らされたのは、この時期《じき》でした。マルゴーは少し前にきかされていました。

アンネは日記にこう書いています。

「身《み》をひそめて暮《く》らす日が来るとしても、その日はずっと先になりますように。」

しかし、身《み》をかくすときは、すぐ間近《まぢか》にせまっていました。計画したオットーにさえ予《よ》測《そく》できなかったことでした。

一九四二年七月五日の日曜日、ついに、決断《けつだん》をせまられるときが来ました！アムステルダムにしては、めずらしく晴れわたった一日でした。午前中、フランク家にはヘローがあそびに来ました。ベランダでアンネと楽しくおしゃべりしたあと、ヘローはお昼を食べに自宅《じたく》に帰っていきました。午後からいっしょに散歩《さんぽ》にでかけようと、アンネと約束《やくそく》して……。アンネの父は、ユダヤ人療養所《りょうようじょ》にでかけました。入院中《にゅういんちゅう》の知り合いを見《み》舞《ま》うのが、日曜の習慣《しゅうかん》になっていたのです。

アンネはお昼をすませると、本を手にベランダの椅子《いす》に寝《ね》そべりました。午後三時ごろ、玄関《げんかん》ベルが鳴り、郵便局員《ゆうびんきょくいん》の声がひびきました。玄関《げんかん》にでたのはアンネの母でした。エーディトは、郵便局員《ゆうびんきょくいん》から茶色い封筒《ふうとう》をうけとりました。封筒《ふうとう》の中には、ナチス親衛隊《しんえいたい》からの呼《よ》び出《だ》し状《じょう》が入っていました。エーディトは、てっきりオットーへの呼《よ》び出《だ》し状《じょう》だと思いました。ところが、あて名は夫《おっと》ではなく、娘《むすめ》のマルゴーになっているではありませんか！　その日、アムステルダム在住《ざいじゅう》のユダヤ人数千人に配達《はいたつ》された、呼《よ》び出《だ》し状《じょう》のうちの一通でした。

数千通のあて名のほとんどは、十五歳《さい》と十六歳《さい》のユダヤ人でした。「翌《よく》七月六日の朝、ユダヤ人移民《いみん》センターに出頭《しゅっとう》せよ」という命令《めいれい》です。「労働《ろうどう》」という名目《めいもく》で、十代《だい》のユダヤ人たちが、一九四二年七月十四日から十七日までドイツに派遣《はけん》されることになったのです。

リュックサックにつめる衣類《いるい》やシーツや食器類《しょっきるい》のリストも同封《どうふう》されていました。

アンネの母はうろたえましたが、マルゴーを動揺《どうよう》させないように、「お父さんに呼《よ》び出《だ》し状《じょう》が来た」とだけ伝《つた》えました。それからすぐにファン・ペルス家に行くと、潜伏《せんぷく》の時期《じき》をくりあげなければならないと告《つ》げたのです。

一方、マルゴーは妹のアンネと二人きりになると、ナチス親衛隊《しんえいたい》からお父さんあてに呼《よ》び出《だ》し状《じょう》が来たことを静《しず》かに話してきかせました。あまりのショックに、アンネは口もきけませんでした。二人はだまりこくったまま、母の帰りを待《ま》ちました。

母がヘルマン・ファン・ペルスとともにもどってきたそのとき、ヘローがやってきました。アンネとの散歩《さんぽ》の約束《やくそく》があったからです。しかし、ヘローはアンネに会わせてもらえませんでした。アンネの母から、娘《むすめ》は会えなくなったと告《つ》げられて、しぶしぶ帰っていきました。のちにジャックから電話がかかってきたときも、エーディトはアンネに取《と》りつがず、似《に》たような理由《りゆう》を口にしてそのまま電話を切りました。

アンネとマルゴーは自分たちの部屋《へや》にもどり、荷造《にづく》りをはじめました。アンネがまっさきに通学かばんにつめたのは、日記帳《にっきちょう》、古い手紙、教科書《きょうかしょ》……服《ふく》よりもずっとたいせつなものでした。このときのアンネは、まだ隠《かく》れ場所《ばしょ》を知らされていませんでした。

アンネの父が帰宅《きたく》したのは、午後五時ごろでした。重大《じゅうだい》ニュースを知らされると、まずクレイマンに電話して、夜になったら家に来るようにたのみました。つづいて、ミープも呼《よ》ばれました。ミープは、フランク一家が隠《かく》れ家《が》におちつくまで、身《み》のまわりの品《しな》をあずかることになりました。ミープとファン・ペルスが帰っていくと、室内はしんと静《しず》まりかえり、重苦《おもくる》しい空気がただよいました。フランク夫妻《ふさい》も二人の娘《むすめ》も、夕食をとる気分にな

郵 便 は が き

料金受取人払郵便

牛込局承認

9741

差出有効期間
2016年12月31日
(期間後は切手を
おはりください。)

162-8790

東京都新宿区市谷砂土原町3-5

偕成社 愛読者係 行

本のご注文はこのはがきをご利用ください

◎ご注文の本はブックサービス株式会社（宅急便）により、1週間前後でお手元にお届けいたします。

◎ブックサービス株式会社（本の注文状況に関するお問い合わせはこちらへ）
TEL：0120-29-9625（フリーコール）9:00～18:00／FAX：0120-29-9635
E-mail：info@bookservice.co.jp

◎本に関するお問い合わせ、郵便振替でのお支払いをご希望の方はこちらへ
偕成社
TEL：03-3260-3221／FAX：03-3260-3222／E-mail:sales@kaiseisha.co.jp

ご 注 文 の 書 名	本体価格	冊数	

(フリガナ)
お名前

TEL　　－　　－

E-mail

(フリガナ) (〒　　　　)
ご住所

★ご愛読ありがとうございます★

今後の出版の参考のため、皆さまのご意見・ご感想をおきかせ下さい。

ご住所	□□□-□□□□　都・道　府・県	TEL	
	フリガナ		
E-mail			
お名前	フリガナ	ご職業	
			1. 男　2. 女　（　　）才
読者がお子さまの場合	お子さまのお名前　フリガナ		年　月　日生まれ　1. 男　2. 女　（　　）才

新刊案内など、小社からのお知らせをお送りしてもよろしいですか？　良い・不要

●この本の書名『　　』

●この本のことは、何でお知りになりましたか？

1. 書店　2. 広告　3. 書評・記事　4. 人の紹介　5. 図書室・図書館　6. カタログ　7. ウェブサイト

●ご感想・ご意見・ご希望など

ご記入の感想等は、匿名で書籍のＰＲ等に使用させていただくことがございます。
使用許可をいただけない場合は、右の□内に✓をご記入下さい。　□許可しない

＊ご記入いただいた個人情報は、お問い合わせへのお返事、ご注文の商品発送、新刊、企画などのご案内送付以外の目的には使用いたしません。ご協力ありがとうございました。

れませんでした。

その夜、フランク家の二階《かい》を間借《まが》りしているホルトシュミット氏《し》がたずねてきました。とりたてて用事《ようじ》があるわけではなく、たいくつしのぎにやってきたのです。フランク一家はやきもきしました。ホルトシュミット氏《し》には潜伏計画《せんぷくけいかく》を知らせていないのです。間借《まが》り人《にん》は午後十時ごろまでぐずぐずしたすえに、ようやく自分の部屋《へや》にひきあげました。

十一時ごろ、ふたたびミープがやってきました。今度《こんど》は夫《おっと》のヤンもいっしょでした。二人はフランク一家の靴《くつ》や靴下《くつした》、下着《したぎ》、本などをバッグとポケットにつめこんで帰っていきました。

次《つぎ》にオットーは、スイスの妹へレーネ・エリーアスにあてて、はがきを書きはじめました。ドイツの検閲《けんえつ》があるので、潜伏計画《せんぷくけいかく》を明かすことはできません。なんとか工夫《くふう》して、妹が読めば推測《すいそく》できるように、自分たちの計画をそれとなくほのめかすことにしました。

「残念《ざんねん》だが、これから先は連絡《れんらく》できなくなります。しかし、どうしようもありません。理《り》解《かい》してください。」

アンネも、はがきに短《みじか》い文を書きそえました。
「いまは、夏休みのことは書けません。家族《かぞく》のみなさんによろしく。」
くたくたに疲《つか》れたアンネは、そのあとすぐに眠《ねむ》ってしまいました。

あくる朝五時半、アンネは母に起《お》こされて目をさましました。前日とはうってかわり、雨がふっていました。夜明け前、家族《かぞく》といっしょにすばやく朝食をすませると、手荷物《てにもつ》をできるだけ少なくして、ミープの到着《とうちゃく》を待《ま》ちました。マルゴーは通学かばんに教科書《きょうかしょ》をぎっしりとつめこみ、ユダヤ人には禁《きん》じられている自転車《じてんしゃ》を玄関前《げんかんまえ》にだしました。ナチの命令《めいれい》にさからい、ずっと家にかくしていたのです。

ミープは、六時に自転車《じてんしゃ》に乗《の》ってやってきました。マルゴーも自転車《じてんしゃ》に乗《の》ると、道案内《みちあんない》役《やく》のミープを追《お》って、ひと足先に隠《かく》れ家《が》に向《む》かいました。

フランク夫妻《ふさい》は、二階《かい》に住《す》むホルトシュミット氏《し》あてに、アンネがかわいがっている猫《ねこ》のモールチェを近所《きんじょ》の家で飼《か》ってもらってほしいと書いた置《お》き手紙《てがみ》をのこしました。寝具《しんぐ》

をはぎとり、食器《しょっき》をテーブルのあちこちに散《ち》らかして、朝七時半にあわてて去《さ》ったように
も見せかけました。
そしていよいよ、アンネと両親《りょうしん》は家をあとにして、どしゃぶりの雨のなかを歩きだした
のです。通りはまだうす暗《ぐら》く、スピードをあげて走っていく車のヘッドライトが雨にかす
んで見えました。オットーが娘《むすめ》のアンネに隠《かく》れ家《が》について話したのは、このときでした。
目的地《もくてきち》をめざして歩きながら、オットーは初《はじ》めて、アンネに自分たちの行く先を教えたの
です。
その朝いちばんにプリンセンフラハトの事務所《じむしょ》に到着《とうちゃく》したのは、ミープとマルゴーでし
た。マルゴーは、不安《ふあん》と疲労《ひろう》のために失神《しっしん》しそうになっていました。ミープはすばやくマ
ルゴーをうしろの家につれていき、それから、表《おもて》の事務所《じむしょ》におりていきました。アンネと
両親《りょうしん》が到着《とうちゃく》したのは、ずいぶんあとになってからでした。三人とも一時間近く歩きつづけ
てずぶぬれになり、疲《つか》れていたので、まっすぐ離《はな》れに通じる階段《かいだん》をのぼっていきました。
離《はな》れは乱雑《らんざつ》をきわめていました。いたるところに、段《だん》ボール箱《ばこ》や袋《ふくろ》が積《つ》まれていました。

秘密《ひみつ》の入り口をぬけて隠《かく》れ家《が》に入ると、すぐ右手に急《きゅう》な階段《かいだん》があり、その横《よこ》には、アンネの両親《りょうしん》の部屋《へや》に通じるドアがついていました。室内には、ソファーベッド二台とテーブル三台、それに本棚《ほんだな》が置《お》かれていました。百五十個《こ》の缶詰《かんづめ》を入れた造《つく》りつけの戸棚《とだな》、裏庭《うらにわ》と向《む》かいの建物《たてもの》を見わたす窓《まど》もあります。

部屋《へや》の右手には、アンネとマルゴーの細い部屋《へや》に通じるドアがついています。この部屋《へや》には、ソファーベッド二台と造《つく》りつけの戸棚《とだな》がありました。両親《りょうしん》の部屋《へや》と同じように、裏《うら》庭《にわ》に面《めん》した窓《まど》がついています。そのとなりは、洗面台《せんめんだい》とトイレのある小部屋《こべや》でした。

四階《かい》に通じる急《きゅう》な階段《かいだん》をのぼると、そこは広い部屋《へや》になっていました。ファン・ペルス夫妻《ふさい》が使《つか》う予定《よてい》でした。この部屋《へや》にも、裏庭《うらにわ》と向《む》かいの建物《たてもの》を見わたす窓《まど》がついています。ベッド二台とテーブル、流《なが》し台《だい》、食器棚《しょっきだな》、ガスレンジがあるだけで、がらんとした殺風景《さっぷうけい》な印象《いんしょう》です。入り口のそばにある別《べつ》のドアは、ファン・ペルス夫妻《ふさい》の一人息子《ひとりむすこ》、ペーターの部屋《へや》に通じていました。この小さな部屋《へや》の中央《ちゅうおう》には屋根裏部屋《やねうらべや》に通じるはしごがあり、事務所《じむしょ》の建物《たてもの》に面《めん》した窓《まど》にはシャッターがおろされています。屋根裏部屋《やねうらべや》の窓《まど》からは、西教会の時計塔《とけいとう》をながめることができました。

その日の午後、ミープが隠《かく》れ家《が》にやってきたとき、エーディトとマルゴーはベッドにぐったりと横《よこ》たわっていました。アンネと父のオットーは、段《だん》ボール箱《ばこ》をあけたり、衣類《いるい》や本を戸棚《とだな》にしまったり、床《ゆか》みがきをしたりして、せっせと働《はたら》いていました。

隠《かく》れ家《が》に潜伏《せんぷく》しなければならなくなった家族《かぞく》がどんな思いでいるか、ミープにはそれを推《お》しはかることはできませんでした。しかし、住《す》みなれた家や家財道具《かざいどうぐ》を捨《す》て、親しい友人たちにすら何もいわずに逃《に》げださなければならなくなった家族《かぞく》の姿《すがた》を見ているうちに、やりきれない気持《きも》ちになりました。

メルベデ広場の住人《じゅうにん》たちは、フランク一家がいなくなったことを知っていました。突然《とつぜん》の失踪《しっそう》でした。でも、おどろきはしませんでした。ナチス親衛隊《しんえいたい》からの呼《よ》び出《だ》し状《じょう》をうけとったあとで消《き》えたユダヤ人は、フランク一家が初《はじ》めてではなかったからです。

「フランク一家は、スイスに逃《に》げだしたらしい。」

そういううわさが、たちまち、メルベデ広場の住民《じゅうみん》やフランク家の友人たちのあいだに広まりました。オットー自身《じしん》がのこした置《お》き手紙《てがみ》にも、スイスに逃亡《とうぼう》するかのようにほのめかされていたのです。スイスにはフランク家の親戚《しんせき》がいるので、なおさら説得力《せっとくりょく》がありました。

間借《まが》り人《にん》のホルトシュミット氏《し》は、アンネの友人たちがたずねてくると、猫《ねこ》のモールチェを彼女《かのじょ》たちにおしつけました。ハンネリはフランク家のアパートに行くと、一家の行方《ゆくえ》を知る手がかりをさがし、アンネとの思い出の品《しな》を持《も》ち帰《かえ》ろうとしました。ジャックもアパートまで足を運《はこ》び、アンネの部屋《へや》に入りました。ベッドはみだれたままでした。ベッドのわきの床《ゆか》には、新しい靴《くつ》が脱《ぬ》ぎすてられていました。

「アンネが十三歳《さい》の誕生日《たんじょうび》に贈《おく》られたゲーム盤《ばん》が、ふと、わたしの目にとまりました。数週間ずっと、アンネと二人で夢中《むちゅう》になってあそんだゲーム盤《ばん》でしたが、それは放置《ほうち》されたままでした……。」

ジャックは、アンネが水泳競技会《すいえいきょうぎかい》でもらった入賞《にゅうしょう》メダルを見つけると、突然《とつぜん》いなくなった友人の記念《きねん》の品《しな》として持《も》ち帰《かえ》りました。

1940年。ザントフォールトの海辺《うみべ》ですごす11歳《さい》のアンネ(右)と、14歳《さい》のマルゴー(左)。
アンネは、この写真《しゃしん》を日記帳《にっきちょう》にはりつけていました。

1935年ー1942年。アンネ・フランクの成長《せいちょう》の記録《きろく》。フランク家では毎年、写真館《しゃしんかん》に通って、娘《むすめ》たちの写真《しゃしん》をとってもらっていました。

Anne toont haar
nieuwe jas.

1941年７月。ミープとヤンの結婚式用《けっこんしきよう》に新調《しんちょう》したコートを試着《しちゃく》するアンネ。写真《しゃしん》の下には、「新しいコートを着《き》てみるアンネ」という自筆《じひつ》の説明《せつめい》が入っています。

1941年。メルベデ広場にて。左から、マルゴー、近所《きんじょ》に住《す》む友だちヘルマン・ビルプ、アンネ。

1941年。アムステルダムの海水浴場《かいすいよくじょう》にて。アンネは新聞から顔をのぞかせています。

第4章　隠《かく》れ家《が》での暮《く》らし

「〝身《み》をかくす〟ということばは、
いまでは日常語《にちじょうご》になっています……。」
（『アンネの日記』一九四三年五月二日）

Chapter4

＊隠《かく》れ家《が》に身《み》をひそめた人々

フランク一家

アンネ・フランク

オットー……………父

エーディト…………母

マルゴー……………姉

ファン・ペルス一家

ヘルマン・ファン・ペルス

ファン・ペルス夫人《ふじん》

ペーター……………ファン・ペルス家の一人息子《ひとりむすこ》

フリッツ・プフェファー…………歯科医《しかい》

＊隠《かく》れ家《が》の協力者《きょうりょくしゃ》（オットーの会社関係者《かいしゃかんけいしゃ》）

ビクトル・クーフレル……………役員《やくいん》

ヨハンネス・クレイマン…………役員《やくいん》。オットーの古い友人

ミープ・ザントルーシッツ………女性社員《じょせいしゃいん》

ヤン・ヒース………………………ミープの夫《おっと》

ベップ・フォスキュイル…………女性社員《じょせいしゃいん》

＊オットーの会社の従業員《じゅうぎょういん》

ビレム・ヘラルト・ファン・マーレン………倉庫係《そうこがかり》

オランダがドイツ軍《ぐん》に占領《せんりょう》されていた時代《じだい》、国内に潜伏《せんぷく》していたユダヤ人は、およそ二万五千人にのぼります。アンネ・フランクとその家族《かぞく》も、そのうちの四人でした。当時のユダヤ人にとって、ナチの目を逃《のが》れることさえできれば、隠《かく》れ場所《ばしょ》はどこでもよかったのです。それぞれが、必死《ひっし》で生きのびようとしていました。

隠《かく》れ家《が》で暮《く》らすユダヤ人の生死《せいし》は、かくまってくれる人々にかかっていました。協力者《きょうりょくしゃ》を信頼《しんらい》し、自分の命《いのち》をゆだねるしかなかったのです。ユダヤ人を援助《えんじょ》する人々の多くは、ナチスに対《たい》する抵抗運動《ていこううんどう》をしているレジスタンスのメンバーでした。彼《かれ》らの援助《えんじょ》にたよるユダヤ人たちは、隠《かく》れ家《が》が発見《はっけん》されたり、裏切《うらぎ》り者《もの》がでたりする場合にそなえ、絶《た》えず新しい隠《かく》れ家《が》をさがして移動《いどう》しなければなりませんでした。

けれど、そういう人たちにくらべると、フランク一家は幸運《こううん》でした。一家をかくまった人々は、古くからの信頼《しんらい》できる友人ばかりだったからです。彼《かれ》らはユダヤ人家族《かぞく》を守《まも》るために手をつくし、少しでも快適《かいてき》に暮《く》らせるように努力《どりょく》しました。アンネは、しばしば日記の中で協力者《きょうりょくしゃ》についてふれています。

「隠《かく》れ家《が》で暮《く》らすメンバーは、ミープやベップやクーフレルさんの負担《ふたん》になっているにちがいないのに、〝やっかい者《もの》〟とか〝お荷物《にもつ》〟ってことばを耳にしたことは、ただの一度《ど》だってありません。わたしたちが大げんかをしても、めんどうをひきおこしても、あの人たちはぐち一つこぼしません。毎日、隠《かく》れ家《が》にやってきては男性《だんせい》たちと政治《せいじ》や経済《けいざい》について話し、女性《じょせい》たちとは食《た》べ物《もの》や本、新聞、子どもを話題《わだい》にして会話を楽しみます。いつも明るい表情《ひょうじょう》を絶《た》やさず、花や誕生《たんじょう》プレゼントも運《はこ》んできてくれます。わたしたちの支《ささ》えになろうと、せいいっぱい努力《どりょく》してくれているのがよくわかります。」

一九四二年十一月、それまで隠《かく》れ家《が》で暮《く》らしていた七人に一人が加《くわ》わり、八人になりました。フランク一家の四人、ファン・ペルス一家の三人に加《くわ》え、歯医者《はいしゃ》のフリッツ・プフェファーが新たな住人《じゅうにん》になったのです。

隠《かく》れ家《が》の存在《そんざい》や、隠《かく》れ家《が》に住人《じゅうにん》がいることが、外部《がいぶ》にもれたらおしまいです。隠《かく》れ家《が》への秘密《ひみつ》の入り口は、大きな本棚《ほんだな》でふさがれました。からくりを知らない者《もの》には、壁《かべ》にそって本棚《ほんだな》が置《お》かれているようにしか見えないでしょう。本棚《ほんだな》を動《うご》かせるのは、ちょうつがいのありかを知る者《もの》だけでした。隠《かく》れ家《が》の窓《まど》も、光を完全《かんぜん》に遮断《しゃだん》する厚手《あつで》の布《ぬの》や板《いた》でおおわれました。絶《た》えず慎重《しんちょう》に行動《こうどう》しなければなりませんでしたが、事務所《じむしょ》に人が出入りする昼間は、とりわけ注意《ちゅうい》が必要《ひつよう》でした。

そこで、八人の住人《じゅうにん》はきびしいルールを設《もう》け、これを徹底的《てっていてき》に守《まも》ることにしました。昼間はできるだけ静《しず》かにすごすこと。カーテンはしめたままにすること。水を流《なが》す音がひびかないように、トイレの使用《しよう》は早朝と事務所《じむしょ》がしまる夕方以降《いこう》だけにすること。

どんなに注意《ちゅうい》しても、しすぎることはありません。事務所《じむしょ》に泥棒《どろぼう》が入る事件《じけん》が起《お》きてからは、隠《かく》れ家《が》に住《す》む人たちの恐怖《きょうふ》と不安《ふあん》は大きくなるばかりでした。新しく雇《やと》われた倉庫《そうこ》係《がかり》、ビレム・ヘラルト・ファン・マーレンの存在《そんざい》も気がかりでした。ファン・マーレンは、明らかに隠《かく》れ家《が》に興味《きょうみ》をもっているようすでした。アンネは日記に何度《なんど》か彼《かれ》のことを書いています。

「ファン・マーレンは、わたしたちのことを密告《みっこく》しないかしら？」

隠《かく》れ家《が》が見つかったらどうしよう？　八人の住人《じゅうにん》はびくびくしながら暮《く》らしていました。それでも、ときには恐怖《きょうふ》を忘《わす》れて笑《わら》ったり、くつろいだり、ふざけたりすることもありました。そんなとき、話題《わだい》の中心になるのは食《た》べ物《もの》です。暗《くら》い部屋《へや》の中で息《いき》をひそめて暮《く》らす人たちにとって、食べることだけが楽しみだったのです。

ミープとベップは、毎朝欠《か》かさず、隠《かく》れ家《が》の人々に一日分の食糧《しょくりょう》を運《はこ》んできました。パンはクレイマンの友人から、肉はファン・ペルスの友人から買ってきました。野菜《やさい》は、ミープが近所《きんじょ》の食料品店《しょくりょうひんてん》で買いもとめます。店の主人《しゅじん》はレジスタンスのメンバーなので、密告《みっこく》される心配《しんぱい》はありません。ベップの役目《やくめ》はミルクを調達《ちょうたつ》することでした。彼女《かのじょ》は事務所《じむしょ》に配給《はいきゅう》されるミルクの一部《いちぶ》を毎日こっそりと持《も》ちだし、隠《かく》れ家《が》まで運《はこ》びました。果物《くだもの》は、安《やす》売《う》りのときにミープが大量《たいりょう》に買いこむことになっていました。

屋根裏部屋《やねうらべや》は食糧貯蔵所《しょくりょうちょぞうしょ》に早変《はやが》わりしました。ジャガイモ、豆《まめ》、そのほかの野菜《やさい》、缶詰《かんづめ》……貯蔵所《ちょぞうしょ》に食糧《しょくりょう》がぎっしりとつめこまれているときは、隠《かく》れ家《が》の住人《じゅうにん》たちの心もゆたかになるようでした。反対《はんたい》に、食糧《しょくりょう》が少なくなって、ひもじさに耐《た》えなければならなくなると、住人《じゅうにん》たちの心もすさみ、つまらない問題《もんだい》で怒《おこ》ったり、いらだったりするようになります。だんだんエスカレートして、はでなけんかがはじまることもありました。アンネ自身《じしん》も、一週間に一種類《しゅるい》か二種類《しゅるい》の食糧《しょくりょう》にしかありつけないことを日記の中で嘆《なげ》いています。

毎日の暮《く》らしに不足《ふそく》しがちなものは、食糧《しょくりょう》だけにとどまりません。ほかにも困難《こんなん》がつきまといました。石けんは、売っている店を見つけること自体がむずかしく、ミープとベップは自分たちに配給《はいきゅう》される石けんを節約《せつやく》し、そののこりを隠《かく》れ家《が》の住人《じゅうにん》にゆずりました。

隠《かく》れ家《が》には洗面台《せんめんだい》が設置《せっち》されているため、洗濯《せんたく》や洗顔《せんがん》にはさほど不自由《ふじゆう》しませんでした。しかし、入浴《にゅうよく》には少し問題《もんだい》がありました。たがいのプライバシーを保《たも》つため、入浴時《にゅうよくじ》には各自《かくじ》が自分の部屋《へや》に小さなブリキの浴槽《よくそう》を運《はこ》びこむことになります。アンネとマルゴーは、たいてい、従業員《じゅうぎょういん》がいなくなる夜になって事務所《じむしょ》に浴槽《よくそう》を運《はこ》びました。けれど、明かりが通りにもれるのをおそれ、暗《くら》がりのなかで入浴《にゅうよく》しなければなりませんでした。

電力の供給《きょうきゅう》が制限《せいげん》されているのも悩《なや》みの種《たね》でした。電力が足りなくなると、電灯《でんとう》のかわりにろうそくを使《つか》い、暖房《だんぼう》のかわりに厚手《あつで》のコートを重《かさ》ねて眠《ねむ》るはめになりました。夜になっても電灯《でんとう》や暖房《だんぼう》が使《つか》えないときは、おしゃべりして気をまぎらし、体操《たいそう》やダンスをして体を暖《あたた》めました。

病気《びょうき》になると、さらにたいへんでした。別《べつ》の問題《もんだい》になやまされます。隠《かく》れ家《が》に医者《いしゃ》を呼《よ》ぶわけにいかないのです。一九四三年の冬、アンネはインフルエンザにかかり、高熱《こうねつ》におそわれました。おとなたちは、熱《ねつ》を下げるために手持《ても》ちの薬《くすり》と知識《ちしき》を総動員《そうどういん》して、けんめいに看病《かんびょう》しました。さいわい、アンネは順調《じゅんちょう》に回復《かいふく》しましたが、せまくて風通しの悪《わる》い場《ば》所《しょ》で共同生活《きょうどうせいかつ》する八人は、次々《つぎつぎ》にインフルエンザにかかってしまいました。悪性《あくせい》の伝染病《でんせんびょう》でも発生《はっせい》したら、ひとたまりもありません。

毎日、せまい場所《ばしょ》で神経《しんけい》をすりへらしながら暮《く》らしていると、ちょっとしたきっかけで口論《こうろん》になってしまいます。けんかのほとんどは食《た》べ物《もの》が原因《げんいん》でした。もちろん、食《た》べ物《もの》以《い》外《がい》の問題《もんだい》で争《あらそ》いになることもあります。ファン・ペルス夫妻《ふさい》は、お金のことではげしく対《たい》立《りつ》しました。わめいたり、どなったり、金切《かなき》り声《ごえ》をあげたり、二人はすさまじい勢《いきお》いでえんえんとやりあいました。ファン・ペルス夫人《ふじん》は、子どもの育《そだ》て方《かた》をめぐってアンネの母エーディトをとがめ、アンネには、「生意気《なまいき》」だとか「あつかましい」といって、けんかをふっかける女性《じょせい》でした。

争《あらそ》いはしょっちゅうでしたが、いつもけんかしていたわけではありません。おだやかな会話を楽しみ、笑《わら》いながらすごすこともありました。もともと、ヘルマン・ファン・ペルスは陽気《ようき》で、冗談《じょうだん》ずきで、人を笑《わら》わせるのが得意《とくい》でした。アンネとファン・ペルス夫妻《ふさい》の息子《むすこ》ペーターも、仮装《かそう》してふざけることがありました。アンネは父オットーのスーツを、ペーターは自分の母親のドレスを着《き》るのです。

隠《かく》れ家《が》では、どんな祝《いわ》い事《ごと》でも住人《じゅうにん》たちをよろこばせました。誕生日《たんじょうび》、宗教的《しゅうきょうてき》なお祭《まつ》り、戦況《せんきょう》を伝《つた》える明るいニュース……。八人の暮《く》らしを支《ささ》えるミープやベップたちが、祝《いわ》いに参加《さんか》することもありました。一九四二年の大みそかには、年越《としこ》しパーティーまで催《もよお》しました。こうした楽しい催《もよお》しが、人目をさけて暮《く》らす日々に刺激《しげき》をあたえてくれるのです。

隠《かく》れ家《が》の住人《じゅうにん》たちは、事務所《じむしょ》で人が働《はたら》いている昼間だけは、勉強《べんきょう》や裁縫《さいほう》、読書などに専《せん》念《ねん》し、できるだけ静《しず》かにすごそうとしました。ただ、いちばん年下のアンネは、マルゴーやペーターが読むような本をいつも読ませてもらえるわけではありません。それがアンネには少し不満《ふまん》でした。ロマンティストのアンネは、伝記《でんき》、神話《しんわ》、ロマンスのたぐいが大すきだったのです。各国《かっこく》の王室の系図《けいず》にも関心《かんしん》をもっていました。マルゴーやペーターといっしょに速記《そっき》も習っていました。オットー・フランクは三人のティーンエージャーの教育《きょういく》に心を配《くば》り、語学、代数《だいすう》、幾何《きか》、地理、歴史《れきし》などを教えました。

静《しず》かな屋根裏部屋《やねうらべや》は、勉強《べんきょう》するにはうってつけの場所《ばしょ》でした。アンネは屋根裏部屋《やねうらべや》を日記や物語《ものがたり》を書くための書斎《しょさい》として使《つか》い、ペーターは部屋《へや》の一画《いっかく》を作業場《さぎょうば》にして大工仕事《だいくしごと》を楽しみました。

夜になると、アンネはたいくつしのぎに父の双眼鏡《そうがんきょう》を借《か》りて、裏庭《うらにわ》をへだてた向《む》かいの建物《たてもの》を観察《かんさつ》することもありました。葉《は》っぱが落《お》ちて裸《はだか》になったマロニエの木の向《む》こうに焦《しょう》点《てん》を合わせると、歯医者《はいしゃ》の診察室《しんさつしつ》が見えました。治療《ちりょう》をうけるおばあさんが〝ひどくおびえている〟ようすをひそかに観察《かんさつ》しながら、くすくす笑《わら》ったこともありました。

若《わか》くて前向《まえむ》きなアンネは、明るい昼間は、人目をしのぶ隠《かく》れ家生活《がせいかつ》を〝危険《きけん》な冒険《ぼうけん》〟とみなして気をまぎらすだけの想像力《そうぞうりょく》をもっていました。奇妙《きみょう》なホテルで休暇《きゅうか》をすごしているかのように空想《くうそう》し、みじめな状況《じょうきょう》を忘《わす》れることもできました。ところが、夜になって不《ぶ》気味《きみ》な静《しず》けさと暗闇《くらやみ》につつまれていると、次《つぎ》から次《つぎ》へとおそろしい想像《そうぞう》ばかりしてしまいます。時間はのろのろとすぎていき、夜が永遠《えいえん》につづくかと思うほどでした。上空を飛《と》ぶ飛行機《ひこうき》の音や爆撃《ばくげき》の音がとどろくたびに、この離《はな》れにも爆弾《ばくだん》が落《お》とされるんじゃないかしらと思いながら、身《み》をちぢめ、息《いき》をひそめてすごすのです。

夜の恐怖《きょうふ》はさておき、アンネは、自分の幸運《こううん》に感謝《かんしゃ》しないではいられませんでした。不《ふ》自由《じゆう》な隠《かく》れ家生活《がせいかつ》だとはいえ、同居《どうきょ》しているのは知り合いばかり、しかも、自分たちを支《ささ》えてくれる人たち全員《ぜんいん》が、父の信頼《しんらい》する友人たちなのです。心底落《しんそこお》ちこむのは、楽しかった学校生活や、親友たち、かわいがっていた猫《ねこ》のモールチェのことを考えるときだけでした。そんなとき、アンネはひどくみじめな気分になりました。

「だれかが外から入ってきて、その人の服《ふく》から風のにおいがしたり、冷《つめ》たい風でほおが紅潮《こうちょう》したりしていると、〝いつになったら、新鮮《しんせん》な空気のにおいをかげるんだろう……？〟と考えて、つい毛布《もうふ》に顔をうずめそうになります。サイクリングをしたり、ダンスをしたり、口笛《くちぶえ》を吹《ふ》いたり、世間《せけん》を見たり、若《わか》さや自由《じゆう》を心ゆくまで楽しんだり……わたしは、こういう日常《にちじょう》にあこがれます。」

恐怖《きょうふ》と悲《かな》しみに打《う》ち勝《か》つためのいちばんの方法《ほうほう》は、屋根裏部屋《やねうらべや》にあがり、あけはなされた窓《まど》に近づいて新鮮《しんせん》な空気を吸《す》いながら、青空と西教会の時計塔《とけいとう》をながめることでした。マロニエの木の枝《えだ》には雨のしずくがきらめき、カモメやそのほかの鳥たちは、日ざしをあびて銀色《ぎんいろ》にかがやいていました。そんなとき、アンネは、なんともいえない心の安《やす》らぎを感《かん》じるのでした。

ミープたちは、隠《かく》れ家《が》の住人《じゅうにん》たちに外のおそろしいニュースを知らせまいとしました。

けれど、すべてを秘密《ひみつ》にするのは不可能《ふかのう》でした。しかも、隠《かく》れ家《が》の住人《じゅうにん》たちは、どんなに残酷《ざんこく》だろうと、どんなに悲惨《ひさん》だろうと、ごまかしのない事実《じじつ》を知りたがりました。毎日ラジオの前に集《あつ》まり、刻々《こくこく》と変《か》わる戦況《せんきょう》に耳をすましました。強制収容所《きょうせいしゅうようじょ》に連行《れんこう》されたユダヤ人が大量射殺《たいりょうしゃさつ》されたり、ガス室に送《おく》られたりしている事実《じじつ》も知りました。それでも、決《けっ》して希望《きぼう》を失《うしな》わず、隠《かく》れ家《が》での日常生活《にちじょうせいかつ》をこなし、勉強《べんきょう》や趣味《しゅみ》に没頭《ぼっとう》しました。

アンネは当時の状況《じょうきょう》を冷静《れいせい》にうけとめ、自分なりの考えを日記に書いています。

「いまみたいに暗《くら》い気分でふさぎこんでいても、何の役《やく》にもたちません。外の人たちをたすけてあげることもできません……。何をするにも、外の人たちのことを考えなくちゃならないのでしょうか？　声をあげて笑《わら》いたいときも、すぐさま笑《わら》いをかみころし、浮《う》かれた自分を恥《は》じなければならないのでしょうか？　一日じゅう、泣《な》いて暮《く》らさなければならないのでしょうか？　いいえ、そんなこと、わたしにはむりです……。」

ユダヤ人に対《たい》する虐待《ぎゃくたい》や迫害《はくがい》のニュースを耳にするにつけ、隠《かく》れ家《が》の人たちは、ユダヤ人としての自分の立場を深《ふか》く考えさせられました。そして、ますますユダヤ人としての自分に誇《ほこ》りをもつようになりました。

八人の中でもっとも信心深《しんじんぶか》いのは、フリッツ・プフェファーでした。とはいえ、ほかの七人もユダヤ教のお祭《まつ》りを祝《いわ》い、伝統的《でんとうてき》なユダヤ料理《りょうり》を味《あじ》わい、毎週金曜日の夜に行う安《あん》息日《そくび》の儀式《ぎしき》を楽しみました。アンネ自身《じしん》も、成長《せいちょう》するにつれてユダヤ教に関心《かんしん》をもつようになりました。ヨーロッパに住《す》むユダヤ人のみじめな運命《うんめい》を思うたびに、怒《いか》りや悲《かな》しみがこみあげてきます。おそろしい夢《ゆめ》を見ることもありました。夢《ゆめ》にでてくるのは、ぼろを着《き》たハンネリが助《たす》けを求《もと》めている姿《すがた》でした。日記にも、こう書いています。

「親しい友人たちが、ただユダヤ人だというだけで残忍《ざんにん》なけだものたちの手にわたってしまったと思うと、ぞっとします。」

隠《かく》れ家《が》で暮《く》らすようになってから、アンネと母エーディトの関係《かんけい》はぎくしゃくしはじめました。たびたび、口げんかをするようにもなりました。一歩も外にでず、身《み》をひそめて暮《く》らす生活にストレスを感《かん》じていたせいであり、自立したいというアンネ自身《じしん》の欲求《よっきゅう》と母の考えがくいちがっているせいでもありました。アンネは、自分がいつまでも母に赤ちゃんあつかいされていると感《かん》じていたのです。父のオットーは妻《つま》と娘《むすめ》のあいだに入り、なんとかおだやかにすまそうとしました。しかし、やがて、アンネはがまんすることをおぼえました。自分の意見《いけん》を押《お》し通《とお》すばかりでなく、ときには母の立場になって物事《ものごと》を考えようと努力《どりょく》するようになったのです。

隠《かく》れ家《が》で生活していても、アンネは身《み》なりをととのえ、できるだけきれいに見せようとしました。バラの花もようが入った布地《ぬのじ》で化粧用《けしょうよう》のケープを作り、髪《かみ》をブラッシングするときは必《かなら》ずそのケープを肩《かた》にかけました。髪型《かみがた》にも気をつかい、マルゴーと同じように髪《かみ》を形よくカールさせて、ピンでとめていました。戦争《せんそう》が終《お》わったらすてきなドレスや化粧《けしょう》品《ひん》を買いたいという、十代《だい》の女の子らしい夢《ゆめ》をもち、その品々《しなじな》をリストにして日記に書きだしていたほどでした。鏡《かがみ》に映《うつ》る自分の顔をいろんな角度《かくど》からながめ、美《うつく》しく見えるかどうかをマルゴーにたずねたこともありました。

そのとき、マルゴーはこう答えました。

「すてきよ。とくに、目がきれいね。」

アンネのようにいきいきとした活発《かっぱつ》な少女にとって、孤独《こどく》な隠《かく》れ家生活《がせいかつ》は、つらいことだったにちがいありません。しかしアンネは、世間《せけん》から切りはなされた生活の中で、せいいっぱい生きようとしました。思春期《ししゅんき》の多感《たかん》な少女らしい感覚《かんかく》も知りました。胸《むね》のときめきや、はじけるようなよろこびも経験《けいけん》しました。

ある日、アンネは、ファン・ペルス夫妻《ふさい》の一人息子《ひとりむすこ》ペーターが、自分に関心《かんしん》をもちはじめたことに気づいたのです。しだいに、アンネも彼《かれ》にひかれていきます。ペーターに見つめられると、アンネの胸《むね》はときめき、とても幸《しあわ》せな気分になりました。やがて、アンネとペーターは、屋根裏部屋《やねうらべや》にあがり、二人きりで長い時間をすごすようになります。窓辺《まどべ》にすわって西教会をながめたり、マロニエの木を観察《かんさつ》して冬から春への季節《きせつ》の移《うつ》り変《か》わりを感《かん》じたりもしました。

とはいえ、二人の交際《こうさい》が深《ふか》まるにつれて、アンネはペーターにもの足りなさを感《かん》じるようにもなりました。ペーターは意志《いし》が弱く、勇気《ゆうき》や力強さに欠《か》けているとも思いました。

ときには、二歳《さい》年上のペーターのほうが自分よりも子どもっぽいと感《かん》じることさえありました。

「ペーターのほうが恋《こい》にどんどんのめりこみ、いまや、わたしにすっかりたよっています。いったん彼《かれ》をふりきり、自分の足でしっかりと立たせたいけれど、その方法《ほうほう》が見つかりません……。」

日記の中で、アンネはこういって嘆《なげ》いています。

アンネは一九四四年の日記に、いまの自分は十三歳《さい》の誕生日《たんじょうび》をむかえたころとはすっかり変《か》わった、と書いています。同じ年ごろの女の子たちとちがって、自分はもうおとなになったと感《かん》じていたのです。

「わたしはまだ十四歳《さい》ですが、自分が何を望《のぞ》んでいるかを自覚《じかく》しています。だれが正しくて、だれがまちがっているかの判断《はんだん》もできます。自分なりの意見《いけん》があり、自分なりの理想《りそう》や主義主張《しゅぎしゅちょう》もあります。思春期《ししゅんき》の少女がこんないい方をするなんて、おかしいかもしれませんが、子どもである前に一個《こ》の人間だと考えています。だれにも左右されない独立《どくりつ》した人間だと……。」

自分がこんなに早く成長《せいちょう》した理由《りゆう》の一端《いったん》は、いやおうなくめぐりあわせた境遇《きょうぐう》によるものだということを、アンネは自覚《じかく》していました。

「わたしのスタートは、スリルと波瀾《はらん》にみちていました。どんなに危険《きけん》なときでもコミカルな一面《いちめん》をさがしだし、笑《わら》わずにいられないのも、そういう理由《りゆう》からです。わたしは若《わか》く、しかも多くの素質《そしつ》を秘《ひ》めています。若《わか》くて、強くて、大いなる冒険《ぼうけん》のまっただなかを生きています……。」

前向《まえむ》きなアンネも、ときには、すっかり落《お》ちこみそうになることもありました。それでも、もがき苦《くる》しみながら、なんとかはいあがるのです。くじけてはいけないと、自分をはげまし、ふるいたたせるのです。

「わたしは、理想《りそう》をすべて捨《す》てたわけではありません。それが自分でも不思議《ふしぎ》です。だって、現実《げんじつ》ばなれした、実現《じつげん》しそうにない理想《りそう》ばかりですから。それでも、わたしは、理想《りそう》をもちつづけています。いまはこんなにひどい世《よ》の中《なか》でも、本来、人間は善人《ぜんにん》なのだと信《しん》じているからです。」

アンネにとって、日記は大きななぐさめでした。日記を両親《りょうしん》の部屋《へや》で書くこともあれば、自分の部屋《へや》や屋根裏部屋《やねうらべや》の机《つくえ》に向《む》かって書くこともありました。隠《かく》れ家《が》の住人《じゅうにん》たちも、アンネが日記を書きつづけていることを知っていました。「日記を書いてるあいだは、じゃましないで」と、しばしばアンネにたのまれていたからです。アンネは、日記を声にだして読んだこともあります。隠《かく》れ家《が》の住人《じゅうにん》たちのなかには、こっそりと日記を読もうとした人は一人もいませんでしたが。

父にプレゼントされた赤と白のチェックの日記帳《にっきちょう》は、やがて全《ぜん》ページがうまってしまいました。そこでミープたちが、事務所《じむしょ》で使《つか》う帳簿《ちょうぼ》やルーズリーフを日記帳《にっきちょう》がわりにさしだしました。

一九四三年の夏、アンネは短《みじか》い物語《ものがたり》を書きはじめました。「じゃがいも騒動《そうどう》」「悪者《わるもの》」などは、隠《かく》れ家《が》での日常《にちじょう》を書いたエッセーでした。「悪者《わるもの》」は、隠《かく》れ家《が》でノミになやまされたときのエピソードが、ユーモラスに描《えが》かれています。ただし、本当の悪者《わるもの》はノミではなく、ファン・ペルス一家でした。ファン・ペルス一家はノミを駆除《くじょ》するようにというアドバイスを無視《むし》したために、隠《かく》れ家《が》じゅうをノミだらけにして、ほかのメンバーたちまでが大きなめいわくをこうむるはめになったのです。

「カーチェ」「管理人《かんりにん》の一家」「エファの見た夢《ゆめ》」など、アンネは短編《たんぺん》の童話《どうわ》も書いています。自分で書いた童話《どうわ》やエッセーは、隠《かく》れ家《が》の住人《じゅうにん》たちや、事務所《じむしょ》で働《はたら》くミープやベップたちに読んできかせました。

アンネは、自分の日記をとてもたいせつにしていました。一九四四年の初《はじ》めの日記を読めば、それがよくわかります。

「わたしには、運《うん》を天にまかせる覚悟《かくご》ができています。でも、救《すく》われ、自由《じゆう》の身《み》になったとしても、日記や物語《ものがたり》が失《うしな》われたらと思うと、ぞっとします。」

アンネは、自分の書きためた日記や物語《ものがたり》がもっとも貴重《きちょう》な財産《ざいさん》だと考えていました。そして、戦争《せんそう》が終《お》わり、十分な教育《きょういく》をうけたあとの進路《しんろ》をすでに決《き》めていました。

「将来《しょうらい》も、文章《ぶんしょう》を書くことはつづけたいと思っています。たとえプロの作家にならなくても、ほかの仕事《しごと》をするかたわら、書くことはつづけるつもりです。ほかの女性《じょせい》たちのように、毎日、家事《かじ》をこなすだけの暮《く》らしなんて、まっぴらです！　わたしの望《のぞ》みは、死《し》んでからも生きつづけること！　ですから、神《かみ》さまが書く才能《さいのう》をあたえてくださったことに感《かん》謝《しゃ》しています。才能《さいのう》を開花《かいか》させ、文章《ぶんしょう》を書き、自分の内面《ないめん》をすべて表現《ひょうげん》する才能《さいのう》をあたえてくださったことに！」

一九四四年三月二十八日、アンネはラジオのニュースに耳をすませていました。オランダの教育芸術科学大臣《きょういくげいじゅつかがくだいじん》が、こんな話をしていました。

「オランダ国民《こくみん》の、ごく個人的《こじんてき》な日記や手紙などを保存《ほぞん》しておくべきです。戦争《せんそう》が終《お》わったら、こうした記録《きろく》を貴重《きちょう》な資料《しりょう》として集大成《しゅうたいせい》し、この戦時下《せんじか》に国民《こくみん》がどんな苦《くる》しみに耐《た》え、どんな困難《こんなん》に打《う》ち勝《か》ってきたかを、のちの世《よ》に伝《つた》えなければなりません。」

隠《かく》れ家《が》の住人《じゅうにん》たちは、すぐさまアンネのほうへ向《む》き、興奮《こうふん》ぎみに日記のことを話しはじめました。アンネも、自分の日記が活字になることを想像《そうぞう》し、わくわくしました。しかし、活字にするとすれば、推敲《すいこう》しなおさなければなりません。同じ年の五月十一日ごろには、日記に「隠《かく》れ家《が》」というタイトルをつけ、本として出版《しゅっぱん》できるように本格的《ほんかくてき》な書きなおし作業《さぎょう》に入りました。

日記の書きなおしには、ミープとベップが事務所《じむしょ》から持《も》ちだしてくる色つきの複写紙《ふくしゃし》を使用《しよう》しました。日記の中で語りかけてきた相手《あいて》をキティーと名づけ、気に入らない箇所《かしょ》が見つかると、書きくわえたり、けずったり、場合によっては全文《ぜんぶん》を書《か》き変《か》えたりもしました。話をおもしろくするために、多少の脚色《きゃくしょく》もしました。登場人物《とうじょうじんぶつ》の変名《へんめい》リストも作り、自分の名前は「アンネ・ロビン」に変《か》えました。明らかに読者《どくしゃ》を意識《いしき》した書きなおし作業《さぎょう》でした。

一九四四年六月十二日、アンネは十五歳《さい》になりました。アンネはベップに、自分の書いた物語《ものがたり》を匿名《とくめい》で雑誌社《ざっししゃ》か新聞社に送《おく》ってもらえるかどうか、きいてみました。

そこでペップは、問《と》いかえしました。

「本気で作家になりたいの？」

「ええ……いいえ……ええ。」

アンネはしどろもどろに答えたあと、急《きゅう》に顔をかがやかせると、

「いいえ、早く結婚《けっこん》して、子どもをたくさん生みたいわ！」

それから二か月後の八月一日、火曜日、アンネはキティーにあてて最後《さいご》の日記を書きました。

「わたしがまじめな顔をして静《しず》かにしていると、みんなは新しいコメディーではじまったかと思うだけなので、結局《けっきょく》はわたしも冗談《じょうだん》にして、やめてしまうしかありません。うちの家族《かぞく》ときたら、わたしが病気《びょうき》になったと思いこむにきまっています。頭痛薬《ずつうやく》とか鎮痛剤《ちんつうざい》を飲《の》ませたり、熱《ねつ》はないかと額《ひたい》や首に手をふれたり、便秘《べんぴ》してないかとたずねたり、ぶすっとしているのを非難《ひなん》したり。いくらなんでも、たまったものではありません。そこまで見《み》守《まも》られていると、こちらはだんだんとげとげしくなり、やがてゆううつな気分になり、し

まいには、もう一回心をねじまげて、悪《わる》い面《めん》を外側《そとがわ》にだし、よい面《めん》を内側《うちがわ》にひっこめてしまいます。そしてまた、模索《もさく》しつづけるのです、そうありたいと願《ねが》っている人間になるには、どうすればいいかを。この世《よ》に生きているのがわたし一人だけなら……きっと、願《ねが》いどおりの人間になれるはずなんです。

アンネ・M・フランク」

三日後の一九四四年八月四日、午前十時三十分ごろ、プリンセンフラハト二六三番地の事務所《じむしょ》の前に車が止まりました。車からおりたったのは、ドイツ秘密警察《ひみつけいさつ》（ゲシュタポ）の制服《せいふく》を着《き》た男一名とオランダ人警官《けいかん》数名でした。

隠《かく》れ家《が》の平面図《へいめんず》

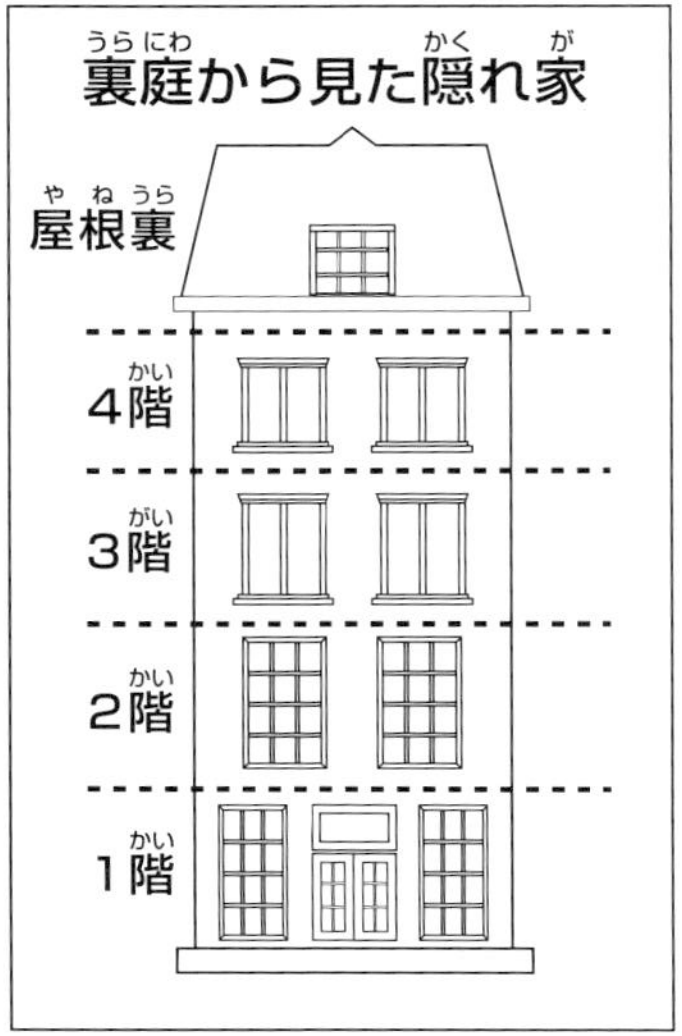

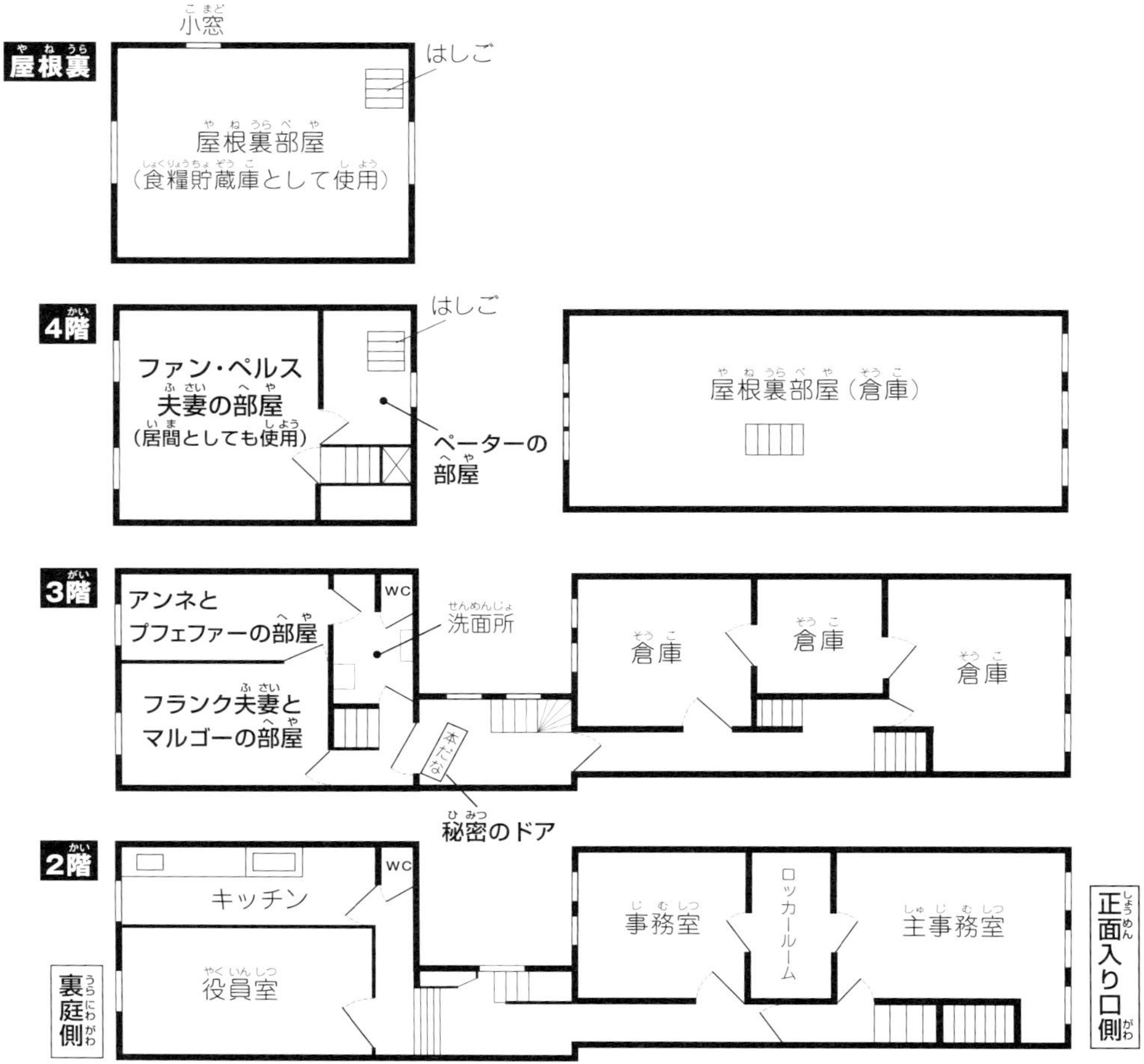

隠《かく》れ家《が》でフランク一家とともに生活していたファン・ペルス夫妻《ふさい》の一人息子《ひとりむすこ》、ペーター。撮影年《さつえいねん》は不明《ふめい》。

1941年７月16日。ミープの結婚式《けっこんしき》からの帰り道。左から、ファン・ペルス夫人《ふじん》、ヘルマン・ファン・ペルス、ビクトル・クーフレル。

フリッツ・プフェファー（右）と婚約者《こんやくしゃ》の
シャルロッタ（ロッタ）・カレッタ。

1941年。プリンセンフラハト263番地の事務所《じむしょ》にて。前列《ぜんれつ》左から、ビクトル・クーフレル、ベップ・フォスキュイル、ミープ・ヒース。後列《こうれつ》の２人の女性《じょせい》は臨時雇《りんじやと》いの事務員《じむいん》。オペクタ商会《しょうかい》とペクタコン商会《しょうかい》は、前年《ぜんねん》の1940年に事務所《じむしょ》をこの建物《たてもの》に移《うつ》しました。

「隠《かく》れ家《が》」を裏側《うらがわ》から見た写真《しゃしん》(中央《ちゅうおう》の建物《たてもの》の上2階部分《かいぶぶん》と屋根裏部屋《やねうらべや》)。

第5章　逮《たい》捕《ほ》

「牢獄《ろうごく》と強制収容所《きょうせいしゅうようじょ》は、おそろしいところ……。」

（『アンネの日記』一九四四年三月十二日）

Chapter5

＊隠《かく》れ家《が》に身《み》をひそめた人々

フランク一家

アンネ、オットー（父）、エーディト（母）、マルゴー（姉）

ファン・ペルス一家

ヘルマン・ファン・ペルス、ファン・ペルス夫人、ペーター

フリッツ・プフェファー…………歯科医《しかい》

＊隠《かく》れ家《が》の協力者《きょうりょくしゃ》（オットーの会社関係者《かいしゃかんけいしゃ》）

ビクトル・クーフレル……………役員《やくいん》

ヨハンネス・クレイマン…………役員《やくいん》。オットーの古い友人

ミープ・ザントルーシッツ………女性社員《じょせいしゃいん》

ヤン・ヒース………………………ミープの夫《おっと》

ベップ・フォスキュイル…………女性社員《じょせいしゃいん》

＊オットーの会社の従業員《じゅうぎょういん》

ビレム・ヘラルト・ファン・マーレン………倉庫係《そうこがかり》

＊ドイツ秘密警察《ひみつけいさつ》（ゲシュタポ）のメンバー

カール・ヨーゼフ・ジルバーバウアー

＊収容所《しゅうようじょ》でアンネが出会った人々

リーンチェとヤニー………………オランダ出身《しゅっしん》の姉妹《しまい》

ハンネリ・ホースラル……………アンネの親友

一九四四年八月四日の朝、アムステルダムの町には、夏の暖《あたた》かい日ざしがふりそそいでいました。プリンセンフラハト二六三番地の隠《かく》れ家《が》の住人《じゅうにん》たちは、いつもの場所《ばしょ》にすわって、読書や勉強《べんきょう》や裁縫《さいほう》に専念《せんねん》していました。なじんだ習慣《しゅうかん》で、全員《ぜんいん》が静《しず》かにすごしていました。表《おもて》の事務所《じむしょ》でも、ミープ、ベップ、クレイマン、クーフレルの四人が、いつもの仕《し》事《ごと》をこなしていました。一階《かい》の倉庫《そうこ》では、二人の倉庫係《そうこがかり》が、調合《ちょうごう》したスパイスを袋《ふくろ》につめているところでした。

午前十時半ごろ、事務所《じむしょ》の前に一台の車が止まり、数人の男たちがおりてきました。そのうちの一人が、入り口に立っている倉庫係《そうこがかり》のファン・マーレンに何か質問《しつもん》しました。ファン・マーレンが上の階を指《ゆび》さすと、男たちは建物《たてもの》の中に入っていきました。

階段《かいだん》をのぼる靴音《くつおと》がひびいてくると、ミープ、ベップ、クレイマンの三人は、いっせいに顔をあげてドアに目をやりました。と、いきなり、やせた男が、ノックもせずに事務所《じむしょ》に入ってきました。制服《せいふく》は着《き》ていませんでしたが、ピストルを手にしていました。男はピストルの銃口《じゅうこう》を三人につきつけると、

「動《うご》くな！」

と、するどい声で命令《めいれい》しました。

ドイツ秘密警察《ひみつけいさつ》（ゲシュタポ）の制服《せいふく》を着《き》た男一人と、私服《しふく》のオランダ人警官《けいかん》数人は、奥《おく》の役員室《やくいんしつ》にふみこみました。

クーフレルは顔をあげました。

「事務所《じむしょ》の責任者《せきにんしゃ》はだれだ？」

制服《せいふく》の男、カール・ヨーゼフ・ジルバーバウアーがたずねました。

「わたしです。」

クーフレルは答えました。

オランダ人警官《けいかん》のうちの一人が、前にすすみでました。

「何もかもわかってるんだ。この家にはユダヤ人がかくれている。やつらをひきわたせ。」

クーフレルは、顔にかっと血《ち》がのぼるのを感《かん》じました。もうおしまいだ、と思いました。どうしようもありませんでした。男たちにうながされて力なく席《せき》を立つと、うしろの家に通じる通路《つうろ》をすすみ、せまい急《きゅう》な階段《かいだん》をのぼりはじめました。男たちはピストルを手に、クーフレルについていきます。

三階《がい》の踊《おど》り場《ば》に立つと、すぐ前方に壁《かべ》にそって置《お》かれた本棚《ほんだな》が見えました。古いファイルが入った本棚《ほんだな》の上には、大きな地図がかかっています。クーフレルは、〝ほかには何もありませんよ〟といいたげなそぶりをしてみせました。

しかし、すぐさま、警官《けいかん》たちは本棚《ほんだな》をガタガタとゆすりはじめました。すると、本棚《ほんだな》を壁《かべ》に固定《こてい》している掛《か》け金《がね》が見えました。何者《なにもの》かの密告《みっこく》によって、ジルバーバウアーたちは、隠《かく》れ家《が》への入り口が本棚《ほんだな》でかくされていることを知っていたのです。

警官《けいかん》たちは掛《か》け金《がね》をはずし、本棚《ほんだな》をぐいとひきました。すると、本棚《ほんだな》がドアのように手前に動《うご》き、その内側《うちがわ》に小さな白いドアが見えました。隠《かく》れ家《が》に通じる秘密《ひみつ》の入り口です。

ジルバーバウアーは銃《じゅう》をおろすと、クーフレルを自分の前におしやりました。クーフレルはすっかりあきらめると、身《み》をかがめて入り口のドアをくぐりました。

フランク一家の居間《いま》では、アンネの母エーディトが、一人でテーブルの前にすわっていました。エーディトは顔をあげると、クーフレルに気づいて、けげんそうな顔をしました。倉庫係《そうこがかり》や外部《がいぶ》の者《もの》にあやしまれてはいけないので、お昼の休憩時間《きゅうけいじかん》をのぞき、事務所《じむしょ》で働《はたら》く協力者《きょうりょくしゃ》たちが日中に隠《かく》れ家《が》を訪《おとず》れたことは、これまで一度《ど》もありませんでした。

「ゲシュタポだ……。」

クーフレルは、小さな声でぽつりとつぶやきました。

男たちは次々《つぎつぎ》にほかの部屋《へや》にもふみこむと、隠《かく》れ家《が》の八人全員《ぜんいん》をとらえました。ゲシュタポの突入《とつにゅう》を最後《さいご》に知ったのは、オットー・フランクとペーターでした。銃《じゅう》をかまえたオランダ人警官《けいかん》がペーターの部屋《へや》に入ってきたとき、オットーは若《わか》いペーターに英語《えいご》を教えているところでした。二人ともだまって立ちあがり、となりのファン・ペルス夫妻《ふさい》の部屋《へや》に入りました。室内では、ファン・ペルス夫妻《ふさい》とフリッツ・プフェファーが両手《りょうて》をあげて立っていました。別《べつ》の警官《けいかん》に命令《めいれい》されて、四人は三階《がい》に通じるせまい階段《かいだん》をおりはじめました。

フランク夫妻《ふさい》の部屋《へや》の中央《ちゅうおう》では、アンネと母とマルゴーがやはり両手《りょうて》をあげて立っていました。三人とも無言《むごん》でした。マルゴーだけは、声をださずに泣《な》いていました。厚《あつ》いカーテンのすきまから、明るい陽光《ようこう》がさしこんでいます。

ドイツ秘密警察《ひみつけいさつ》のジルバーバウアーは、オットーのほうへ向《む》くと、貴重品《きちょうひん》のありかをたずねました。オットーはだまって戸棚《とだな》を指《ゆび》さしました。ジルバーバウアーは戸棚《とだな》から金庫《きんこ》をとりだし、ふたをあけて調《しら》べはじめました。中身《なかみ》は、現金《げんきん》と数点の宝石類《ほうせきるい》だけです。ジルバーバウアーは室内をぐるりと見まわし、革製《かわせい》のかばんに目をとめました。さっとかばんをつかむと、さかさにして中身《なかみ》をふるいました。帳面《ちょうめん》、ルーズリーフ、赤と白のチェックのサイン帳《ちょう》が床《ゆか》に落《お》ちて散乱《さんらん》しました。アンネの日記帳《にっきちょう》です。アンネはだまったままでした。

ジルバーバウアーは金庫《きんこ》の中身《なかみ》をかばんにつっこむと、ふたをしめて隠《かく》れ家《が》の住人《じゅうにん》たちに質問《しつもん》しました。

「武器《ぶき》は？」

住人全員《じゅうにんぜんいん》が首を横《よこ》にふりました。

「よし。携帯品《けいたいひん》を持《も》て。五分後に出発《しゅっぱつ》だ！」

ジルバーバウアーは命令《めいれい》しました。

隠《かく》れ家《が》の住人《じゅうにん》たちは、となりのアンネの部屋《へや》にある非常用《ひじょうよう》かばんをとりに行きました。

火災《かさい》にそなえ、全員《ぜんいん》のかばんが壁《かべ》につるされているのです。

「いつから、ここにかくれてたんだ？」

ジルバーバウアーはオットーにたずねました。

「二年とひと月前からです。」

オットーは静《しず》かに答えました。ジルバーバウアーは、信《しん》じられないといった表情《ひょうじょう》で頭をふりました。

そこでオットーは、壁《かべ》の一方を指《ゆび》さしました。壁紙《かべがみ》には、鉛筆《えんぴつ》で数本の細い線が書きこんでありました。

「この二年間、定期的《ていきてき》に末娘《すえむすめ》の背丈《せたけ》をはかって書きいれたものです。」

オットーは説明《せつめい》しました。さらに、自分が第《だい》一次世界大戦中《じせかいたいせんちゅう》にドイツ軍《ぐん》の将校《しょうこう》として戦《たたか》ったことをつけくわえると、ジルバーバウアーはおどろいた表情《ひょうじょう》を見せました。その瞬間《しゅんかん》から、ジルバーバウアーの態度《たいど》が少し変《か》わりました。荷造《にづく》りしている隠《かく》れ家《が》の住人《じゅうにん》たちにも、「ゆっくりやれ」と、いいなおしました。

住人《じゅうにん》たちはかばんを手にひきかえしてくると、ジルバーバウアーの命令《めいれい》で隠《かく》れ家《が》の入り口をくぐりぬけました。全員《ぜんいん》が踊《おど》り場《ば》にでると、オランダ人警官《けいかん》の一人がドアにかぎをかけ、本棚《ほんだな》をもとの位置《いち》にもどしました。それから、ジルバーバウアーと警官《けいかん》たちは、隠《かく》れ家《が》の住人《じゅうにん》たちをせきたてるようにして、表《おもて》の事務所《じむしょ》にひきかえしました。

ジルバーバウアーは、矢《や》つぎ早《ばや》に質問《しつもん》しはじめました。まず初《はじ》めはクーフレル、次《つぎ》にクレイマン。何をきかれても、二人の返事《へんじ》は同じでした。

「答えるつもりはありません。」

しだいに、ジルバーバウアーはいらだちを見せはじめました。

「この二人も連行《れんこう》しろ！」

と、大声で警官《けいかん》たちに命令《めいれい》すると、隠《かく》れ家《が》の八人にクーフレルとクレイマンの二人を加《くわ》えた十人を建物《たてもの》の外へとつれだしました。

建物《たてもの》の前には、警察《けいさつ》のトラックが待機《たいき》していました。数人の野次馬《やじうま》たちが好奇心《こうきしん》をむきだしにして、トラックのまわりをかこんでいました。隠《かく》れ家《が》の住人《じゅうにん》たちにとって、戸外《こがい》の新鮮《しんせん》な空気を吸《す》うのは二年一か月ぶりです。まぶしい日ざしに、目がくらむようでした。逮捕《たいほ》された十人が、無言《むごん》のまま窓《まど》のないトラックに乗《の》りこむと、ドアがバタンと音をたてしまりました。

フランク一家、ファン・ペルス一家、歯医者《はいしゃ》のフリッツ・プフェファー、ビクトル・クーフレル、そしてヨハンネス・クレイマンは、アムステルダム南部《なんぶ》のゲシュタポ本部《ほんぶ》に連行《れんこう》され、ほかのユダヤ人たちとともに監禁《かんきん》されました。のちに、クーフレルとクレイマンだけは、別《べつ》の監房《かんぼう》に移《うつ》されました。クーフレルもクレイマンも、オットー・フランクをのぞく七人とは、その後二度《ど》と会うことはできませんでした。

やがて、隠《かく》れ家《が》の住人《じゅうにん》たちはジルバーバウアーの部屋《へや》に移《うつ》され、取《と》り調《しら》べをうけはじめました。

「アムステルダムに潜伏《せんぷく》しているユダヤ人を、ほかにも知っているか？」

ジルバーバウアーは、オットーに質問《しつもん》しました。

オットーは知らないと答えました。二年以上《いじょう》も、外の世界《せかい》との接触《せっしょく》を断《た》って生活していたのです。ほかのユダヤ人たちの動向《どうこう》など、わかるはずもありません。

ジルバーバウアーは、オットーの答えを信《しん》じたようでした。それ以上《いじょう》は尋問《じんもん》せず、八人全員《ぜんいん》を監房《かんぼう》にもどしました。

その日ひと晩《ばん》、ゲシュタポ本部《ほんぶ》の監房《かんぼう》ですごした八人は、翌日《よくじつ》はアムステルダム市内のベーテリングスハンスの拘置所《こうちしょ》に留置《りゅうち》されました。拘置所《こうちしょ》の大きな建物《たてもの》の中には、うす暗《ぐら》い監房《かんぼう》がいくつもならんでいました。監房《かんぼう》の中には、ずらりとならんだ二段《だん》ベッドと、トイレ用のバケツが置《お》いてあるだけです。ひと晩《ばん》じゅう、囚人《しゅうじん》たちのさけび声やわめき声、赤《あか》ん坊《ぼう》の泣《な》き声《ごえ》がひびいていました。フランク一家、ファン・ペルス一家、そしてプフェファーの八人は、この拘置所《こうちしょ》で三晩《ばん》すごしました。

逮捕《たいほ》されてから四日後の一九四四年八月八日、隠《かく》れ家《が》の八人はアムステルダム中央駅《ちゅうおうえき》に運《はこ》ばれました。オランダ北東のベステルボルク通過収容所《つうかしゅうようじょ》に、列車《れっしゃ》で送《おく》られるのです。ごくふつうの列車《れっしゃ》でしたが、ユダヤ人の群《む》れが乗《の》りこむと、脱走《だっそう》できないように車両《しゃりょう》の外から錠《じょう》がかけられました。オットーたちは、未来《みらい》にわずかな望《のぞ》みを託《たく》していました。ドイツ軍《ぐん》の敗色《はいしょく》が濃《こ》くなったいま、遠からず終戦《しゅうせん》をむかえるはずでした。そうすれば、強制収容所《きょうせいしゅうようじょ》のユダヤ人たちも解放《かいほう》されると考えていたのです。

列車《れっしゃ》が目的地《もくてきち》へと向《む》かうあいだ、アンネは窓側《まどがわ》の席《せき》にすわったまま、魅《み》せられたように走りすぎる外の景色《けしき》をじっとながめていました。このときのアンネは、将来《しょうらい》に対《たい》する不安《ふあん》もおそれも感《かん》じませんでした。二年一か月ぶりに見る自然《しぜん》を心の底《そこ》から楽しんでいたのです。列車《れっしゃ》がベステルボルクの通過収容所《つうかしゅうようじょ》に到着《とうちゃく》したのは、その日の昼さがりでした。

ベステルボルク通過収容所《つうかしゅうようじょ》は、強制収容所《きょうせいしゅうようじょ》に移送《いそう》されるまでの臨時《りんじ》の収容場所《しゅうようばしょ》でしかありません。荒涼《こうりょう》とした平地《へいち》が広がるだけの、わびしい場所《ばしょ》でした。敷地《しきち》のまわりには有刺鉄線《ゆうしてっせん》がはりめぐらされ、高い見張《みは》り台《だい》では武装兵《ぶそうへい》がするどい目を光らせています。敷地《しきち》の中央《ちゅうおう》には線路《せんろ》が敷《し》かれ、毎週火曜日になると、大勢《おおぜい》のユダヤ人が列車《れっしゃ》で運《はこ》ばれてきました。広い敷地内《しきちない》にはさまざまな宿舎《しゅくしゃ》があり、ぎゅうぎゅうづめにすれば三万人もの人をおしこめられるようになっていました。

隠《かく》れ家《が》で暮《く》らしていた八人は、登録用《とうろくよう》の建物《たてもの》に入り、規則《きそく》にしたがって手続《てつづ》きをすませました。まず登録《とうろく》、それから服《ふく》を脱《ぬ》いで裸《はだか》になり、病気《びょうき》の有無《うむ》とシラミがいるかいないかを調《しら》べられます。次《つぎ》に、紺色《こんいろ》の囚人服《しゅうじんふく》と木靴《きぐつ》をつけ、男子は丸坊主《まるぼうず》、女子は短髪《たんぱつ》にされました。

フランク一家やファン・ペルス一家などの潜伏者《せんぷくしゃ》は男女別々《だんじょべつべつ》にされ、懲罰用《ちょうばつよう》の宿舎《しゅくしゃ》に収容《しゅうよう》されました。逃《に》げかくれていたため、家族用《かぞくよう》の宿舎《しゅくしゃ》には入れてもらえなかったのです。石けんはあたえられず、わずかな食《た》べ物《もの》が支給《しきゅう》されるだけでした。

一日は、毎朝五時の点呼《てんこ》とともにはじまります。アンネとマルゴーと母の三人は、電池《でんち》の分解《ぶんかい》作業《さぎょう》を割《わ》りあてられました。作業中《さぎょうちゅう》の会話は許《ゆる》されましたが、絶《た》えず見張《みは》りに作業《さぎょう》をせかされました。昼食はわずかなパンと水っぽいスープだけでしたが、それでも、ほっとひと息《いき》つけました。夕方と晩《ばん》に家族《かぞく》と会うことも許《ゆる》されました。

ベステルボルクでアンネたちとともに働《はたら》いたユダヤ人の一人が、のちに回想《かいそう》しています。

「アンネとマルゴーは、いつもお母さんといっしょにいました。『アンネの日記』では、アンネはお母さんを手きびしく批判《ひはん》していますが、ちょっとした反抗期《はんこうき》だったんじゃないでしょうか。収容所《しゅうようじょ》では、お母さんの腕《うで》にしがみついていましたよ。」

一九四四年九月二日の夕方、ドイツ軍将校《ぐんしょうこう》が懲罰用宿舎《ちょうばつようしゅくしゃ》にやってきました。そして、リストにのっている名前を読みあげはじめました。翌朝出発《よくあさしゅっぱつ》する移送列車《いそうれっしゃ》に乗《の》る人々の名前でした。リストには、フランク一家、ファン・ペルス一家、プフェファーの名もありました。名前を呼《よ》ばれた人々のあいだに、ショックと動揺《どうよう》が広がりました。行く先は、東ヨーロッパの強制収容所《きょうせいしゅうようじょ》しか考えられません。それは死《し》の宣告《せんこく》をうけるようなものでした。

それでもまだ、オットーは絶望《ぜつぼう》していませんでした。服《ふく》や毛布《もうふ》をあわただしく荷造《にづく》りしながら、はなればなれになったらスイスに住《す》むおばあちゃんと連絡《れんらく》をとるように、妻《つま》と娘《むすめ》たちに告《つ》げました。

あくる朝七時、移送《いそう》される千人あまりのユダヤ人は、宿舎《しゅくしゃ》をでて各車両《かくしゃりょう》に乗《の》りこみました。それぞれがリュックをかつぎ、巻《ま》いた毛布《もうふ》をひもで結《むす》んでぶらさげていました。病人《びょうにん》と足の不自由《ふじゆう》な人は、担架《たんか》か荷車《にぐるま》で車内に運《はこ》ばれました。全員《ぜんいん》がつめこまれるまで、ゆうに一時間はかかりました。

汽笛《きてき》が鳴り、列車《れっしゃ》はゆっくりと動《うご》きはじめました。移送《いそう》されるユダヤ人たちは、行く先を告《つ》げられていませんでした。しだいに列車《れっしゃ》はスピードをあげ、未知《みち》の場所《ばしょ》に向《む》かって走りはじめました。

列車《れっしゃ》の旅《たび》は三日間つづきました。各車両《かくしゃりょう》には人がぎっしりとつめこまれ、ドアもぴたりと閉《と》ざされていました。車両《しゃりょう》には小さな穴《あな》が一つあるだけ。身動《みうご》きできず、息《いき》がつまるようでした。車中で息《いき》をひきとる人もいました。

各車両《かくしゃりょう》には、小さなバケツ一杯《ぱい》の飲《の》み水《みず》とトイレ用の大きなバケツ、そして床《ゆか》にまばらに敷《し》かれたわらがあるだけでした。列車《れっしゃ》は何度《なんど》か停車《ていしゃ》し、ほんの少しの水が補給《ほきゅう》されることもありました。

幸運《こううん》にも、アンネやペーターたちは同じ車両《しゃりょう》に乗《の》り、すみの壁《かべ》におしつけられるようにして立ちました。まだ、家族《かぞく》がはなればなれにはなっていません。みんなではげましあうことができるのです。アンネとマルゴーとペーターは、たまにことばを交《か》わし、横木《よこぎ》につかまって小さな窓《まど》ごしに外をのぞこうとしました。けれど、何も見えませんでした。

三日目の晩《ばん》、列車《れっしゃ》の動《うご》きがのろくなり、やがて長い建物《たてもの》の前に停車《ていしゃ》しました。とがった三角屋根《さんかくやね》とアーチになった入り口のある建物《たてもの》でした。列車《れっしゃ》は、ポーランド南部《なんぶ》のアウシュビッツ強制収容所《きょうせいしゅうようじょ》に到着《とうちゃく》したのです。ユダヤ人からもっともおそれられている場所《ばしょ》でした。

各車両《かくしゃりょう》のドアが外からひらき、ドイツ軍兵士《ぐんへいし》が車内のユダヤ人たちをせきたてました。

「おりろ！　さっさとおりろ！」

アンネたちの目にとびこんできたのは、サーチライトのまぶしい光でした。ライトに照《て》らされながら、カポと呼《よ》ばれる男たちが、プラットフォームを走ってきました。収容所《しゅうようじょ》に送《おく》られてきたユダヤ人を監視《かんし》・監督《かんとく》するために選《えら》ばれた男の囚人《しゅうじん》たちです。全員《ぜんいん》が頭を坊主刈《ぼうずが》りにして、たてじまもようの囚人服《しゅうじんふく》を着《き》ています。男たちは車両《しゃりょう》の入り口近くにいるユダヤ人たちをおろしながら、「いそげ！　いそげ！」とせかしました。

家族《かぞく》や友人とはぐれたユダヤ人たちが、泣《な》いたりさけんだりしはじめました。と、ふいに、スピーカーを通した大声がひびきわたり、たちまち、ユダヤ人たちの声をかき消《け》してしまいました。

「女は左へ！　男は右へ！」

オットー・フランクやヘルマン・ファン・ペルス、ペーター、プフェファーたちは、ナチ親衛隊《しんえいたい》の警備兵《けいびへい》に追《お》いたてられるようにしてホームの右側《みぎがわ》に集《あつ》められました。男子と女子は別々《べつべつ》の収容所《しゅうようじょ》に入れられるのです。アンネが愛《あい》する父を見るのは、これが最後《さいご》になりました。

大きなトラックの荷台《にだい》には、老人《ろうじん》、病人《びょうにん》、赤《あか》ん坊《ぼう》、年少者《ねんしょうしゃ》、足の不自由《ふじゆう》な人たちが、荷物《にもつ》のようにほうりこまれました。死《し》への直行便《ちょっこうびん》でした。働《はたら》けない者《もの》は、ただちにガス室に送《おく》られてしまうのです。

アンネと母とマルゴーは、ほかの女性《じょせい》たちとともに女子収容所《じょししゅうようじょ》に入れられました。頭を丸坊主《まるぼうず》にされ、グレーの囚人服《しゅうじんふく》と木靴《きぐつ》をあたえられ、左腕《ひだりうで》には囚人《しゅうじん》ナンバーが入《い》れ墨《ずみ》されました。それから宿舎《しゅくしゃ》へと追《お》いたてられるのです。アンネと母とマルゴーの三人は、二十九号棟《ごうとう》に入りました。宿舎《しゅくしゃ》の造《つく》りはベステルボルクと似《に》ていましたが、こちらのほうがはるかに不潔《ふけつ》で、凍《こお》りつくほど冷《つめ》たい場所《ばしょ》でした。

アウシュビッツの一日は、夜明け前の三時半からはじまりました。女性《じょせい》たちは笛《ふえ》の音とともに起床《きしょう》し、すさまじいスピードで洗面《せんめん》をすませると、スープ一杯《ぱい》の朝食をとりました。つづいて、点呼《てんこ》。女性《じょせい》たちは五列《れつ》にならび、雨の日も雪の日も、全員《ぜんいん》の点呼《てんこ》が終《お》わるまでじっと立っていなければなりませんでした。罰《ばつ》をうける者《もの》がいるときは、点呼《てんこ》が数時間におよぶことさえありました。アンネとマルゴーは、いつもならんで点呼《てんこ》をうけました。ある目撃者《もくげきしゃ》は、アンネはほとんど口をきかず、とても静《しず》かだったと証言《しょうげん》しています。

毎日、アンネたちはバラックから歩いて三十分ほどの作業場《さぎょうば》に行き、芝生《しばふ》を一定《いってい》の形に掘《ほ》りました。つねに監督役《かんとくやく》のカポたちが作業《さぎょう》ぶりを見まわりながら、「いそげ！　いそげ！」とわめきたてます。作業《さぎょう》がはかどらない者《もの》、反抗《はんこう》する者《もの》は、容赦《ようしゃ》なくむちで打《う》たれました。

お昼の十一時半になると、豆《まめ》のスープを入れた大がめが作業場《さぎょうば》に運《はこ》ばれてきて、一人ずつに配《くば》られました。三十分で昼食をすませると、ふたたび午後から芝生掘《しばふほ》りです。一日の労働《ろうどう》が終《お》わるのは夕方六時でした。女性《じょせい》たちは収容所《しゅうようじょ》にもどり、スライスしたパンとマーガリンの夕食をとります。それぞれの宿舎《しゅくしゃ》のリーダーが助手《じょしゅ》を選《えら》び、その助手《じょしゅ》たちが収容《しゅうよう》者《しゃ》にパンを手わたすのです。アンネも助手《じょしゅ》の一人でした。就寝時間《しゅうしんじかん》の午後九時になると笛《ふえ》が吹《ふ》き鳴《な》らされ、ようやくベッドにつくことができました。

一九四四年十月二十七日、アンネたちの宿舎《しゅくしゃ》から、武器工場《ぶきこうじょう》の作業員《さぎょういん》が選《えら》ばれることになりました。若《わか》い健康《けんこう》な者《もの》でなければなりません。だれもが選《えら》ばれることを望《のぞ》みました。どの収容所《しゅうようじょ》に移《うつ》されようと、アウシュビッツ強制収容所《きょうせいしゅうようじょ》よりはましだとうわさされていたからです。生きのびるチャンスがそれだけ大きくなるにちがいありません。

そのころアンネは、体をシラミやダニなどに食われて傷口《きずぐち》が化膿《かのう》したため、皮膚病《ひふびょう》にかかった者《もの》たちを集《あつ》めた疥癬病棟《かいせんびょうとう》に入っていました。したがって、武器工場《ぶきこうじょう》への移送組《いそうぐみ》には選《えら》ばれませんでした。もちろん、母のエーディトもマルゴーも、アンネをのこしてほかの収容所《しゅうようじょ》に移《うつ》ることなど考えてもいませんでした。マルゴーは疥癬病棟《かいせんびょうとう》に移《うつ》ってアンネにつきそい、母のエーディトは昼間の作業《さぎょう》を終《お》えてもどるたびに、娘《むすめ》たちにパンをわたしました。しばらくすると、マルゴーも虫にさされた傷口《きずぐち》が化膿《かのう》し、皮膚《ひふ》がただれたようになりました。

エーディトは、二人の娘《むすめ》に献身的《けんしんてき》につくしました。自分に支給《しきゅう》されたパンをわたし、ときにはチーズやソーセージもそえました。アンネとマルゴーの体が目に見えて弱りはじめたため、少しでも栄養《えいよう》をおぎなわなければならなかったからです。

一九四四年十月三十日には、ふたたび、別《べつ》の収容所《しゅうようじょ》への移送者《いそうしゃ》が選《えら》ばれることになりました。女性《じょせい》たちは二十四時間ものあいだ、凍《い》てつくような戸外《こがい》に立たされたのち、大ホールまで行進《こうしん》させられました。この大ホールには、残酷《ざんこく》なことで知られるナチ親衛隊《しんえいたい》の医師《いし》、ヨーゼフ・メンゲレがいました。メンゲレ医師《いし》は大きなスポットライトのわきにすわり、移送者《いそうしゃ》とガス室に送《おく》る者《もの》を選《えら》びだす作業《さぎょう》に入りました。

アンネとマルゴーは皮膚《ひふ》も体調《たいちょう》もひどい状態《じょうたい》でしたが、若《わか》かったため、移送《いそう》される組に入れられました。母のエーディトはアウシュビッツにのこされ、二度《ど》と娘《むすめ》たちの顔を見ることはありませんでした。

娘《むすめ》たちとひきはなされたエーディトは、生きる気力を失《うしな》ってしまいました。あたえられたパンは「夫《おっと》と娘《むすめ》たちのために」ためこみ、自分ではいっさい口をつけようとしませんでした。そしてついに一九四五年一月、飢《う》えと熱病《ねつびょう》のために息《いき》をひきとってしまいました。

アンネとマルゴーをふくめた六百三十四人の女性《じょせい》たちは、ドイツのベルゲン＝ベルゼン強制収容所《きょうせいしゅうようじょ》に移送《いそう》されることになりました。しかし、今度《こんど》も行く先は教えてもらえませんでした。家畜運搬用《かちくうんぱんよう》の貨車《かしゃ》におしこまれる前に、ぼろ服《ふく》と靴《くつ》らしきものと毛布《もうふ》を支給《しきゅう》され、パンとソーセージ、マーガリンひと切れをあたえられました。

この移送《いそう》は苦《くる》しい旅《たび》になりました。ベルゲン＝ベルゼンまでの列車《れっしゃ》の旅《たび》は、四日間もつづいたのです。湿気《しっけ》と寒《さむ》さで、アンネとマルゴーの体はおとろえ、みるみるやせていきました。

列車《れっしゃ》がようやくベルゲン＝ベルゼンに到着《とうちゃく》すると、まず、アンネとマルゴーは大勢《おおぜい》の女性《じょせい》たちといっしょにテントに収容《しゅうよう》されました。宿舎《しゅくしゃ》からあふれた者《もの》は、こうした臨時《りんじ》のテントにおしこまれるのです。テントの中には、悪臭《あくしゅう》とむっとするような湿気《しっけ》があふれていました。すでに何百人もの女性《じょせい》たちがおしこめられていたのです。せますぎて、横《よこ》になることなどできませんでした。

しばらくすると、アンネとマルゴーは石造《いしづく》りの宿舎《しゅくしゃ》に移《うつ》されました。明かりもトイレもなく、かたい木のベッドと洗面所《せんめんじょ》があるだけでした。一つきりの洗面所《せんめんじょ》を数千人で使用《しよう》するのです。

アンネとマルゴーのベッドの上段《じょうだん》には、二か月前にベステルボルクで知り合ったアムステルダム出身《しゅっしん》の姉妹《しまい》、リーンチェとヤニーがいました。リーンチェとヤニーも、同じ列車《れっしゃ》でベルゲン＝ベルゼンに移送《いそう》されてきたのです。夜になると、アンネはこのオランダ出身《しゅっしん》の姉妹《しまい》もまじえて話をしたり、冗談《じょうだん》を口にしたりして苦《くる》しみを忘《わす》れ、生きる気力をかきたてようとしました。

後年、リーンチェが、当時の思い出を語っています。

「わたしたち、よく食《た》べ物《もの》の話をしたものでした。あるとき、アムステルダムにあるアメリカン・ホテルで豪華《ごうか》なディナーをとる話をはじめました。すると突然《とつぜん》、アンネがわっと泣《な》きだしたんです。そして、『もう二度《ど》とアムステルダムにはもどれないわ』といいました。」

ベルゲン＝ベルゼンでは、古靴《ふるぐつ》の解体《かいたい》がおもな作業《さぎょう》でした。革《かわ》をぬいあわせてある糸を手でほどき、ばらばらにするのです。この作業《さぎょう》は痛《いた》みをともなううえに、もたもたしていると、ナチ親衛隊《しんえいたい》の隊員《たいいん》になぐられるはめになります。アンネの手は傷《きず》だらけになり、やがて傷口《きずぐち》が化膿《かのう》して作業《さぎょう》もできなくなりました。

食《た》べ物《もの》も、ほとんど支給《しきゅう》されなくなりました。生きていくためには、他人《たにん》の援助《えんじょ》にたよるか、食《た》べ物《もの》をぬすむか、ものごいをするしかありません。しかし、こんな地獄《じごく》のような場所《ばしょ》で、だれの援助《えんじょ》をたよれるというのでしょうか？　死者《ししゃ》はふえるばかりでした。

一九四四年十一月の終《お》わりには、ファン・ペルス夫人《ふじん》がアウシュビッツからベルゲン＝ベルゼンに移《うつ》ってきました。アンネやマルゴーとは、ベステルボルクで別《わか》れて以来《いらい》です。二か月ぶりの再会《さいかい》でした。ファン・ペルス夫人《ふじん》は、アンネやマルゴー姉妹《しまい》とともにはげましあいながら、生活しはじめます。しかし、ベルゲン＝ベルゼンはどの収容所《しゅうようじょ》よりも衛生《えいせい》状態《じょうたい》が悪《わる》く、食《た》べ物《もの》もほとんど支給《しきゅう》されません。新しい所長《しょちょう》が着任《ちゃくにん》して以来《いらい》、アンネたちの暮《く》らしはひどくなる一方でした。

こうしたみじめな環境《かんきょう》のなかで、アンネたちはクリスマスをむかえました。この日のためにとっておいた、かちかちのパンをちぎって食べながら、ユダヤ式《しき》のお祝《いわ》いをしました。

短《みじか》いひとときでしたが、そのときだけはみじめな境遇《きょうぐう》を忘《わす》れることができました。アンネの瞳《ひとみ》もかがやいていました。

同じころ、ベルゲン＝ベルゼンには、アムステルダム時代《じだい》のアンネの親友、ハンネリ・ホースラルも収容《しゅうよう》されていました。ハンネリが同じ収容所《しゅうようじょ》にいることをアンネに知らせたのは、ファン・ペルス夫人《ふじん》でした。ある日、夫人《ふじん》はアンネに、ハンネリが有刺鉄線《ゆうしてっせん》の向《む》こう側《がわ》で待《ま》っていることを告《つ》げます。アンネとハンネリは同じ収容所《しゅうようじょ》にいましたが、宿舎《しゅくしゃ》がちがっていたのです。

一九四五年の初《はじ》め、アンネとハンネリは、有刺鉄線《ゆうしてっせん》ごしに再会《さいかい》することができました。二人はたがいの無事《ぶじ》を心からよろこび、うれし涙《なみだ》を流《なが》しました。アンネが隠《かく》れ家《が》に潜伏《せんぷく》して以来《いらい》、二年半も会っていなかったのです。ハンネリは、母が亡《な》くなったこと、父と妹のハビーの三人でベルゲン＝ベルゼンに送《おく》られてきたことを説明《せつめい》しました。しかし、父親のホースラル氏《し》は、そのころ重《おも》い病気《びょうき》にかかっていました。

アンネも、じつはスイスに逃亡《とうぼう》したのではなく、一家そろってアムステルダムにかくれていたのだとうちあけました。両親《りょうしん》と離《はな》ればなれになったことを告《つ》げ、「たぶん、父も母ももう生きていないわ」と、涙《なみだ》ながらに話しました。アウシュビッツのガス室についても語りました。そして食《た》べ物《もの》がないことを話すと、ハンネリは何とかして食《た》べ物《もの》を用意《ようい》すると約束《やくそく》しました。幸運《こううん》にもハンネリの宿舎《しゅくしゃ》には、赤十字《せきじゅうじ》からわずかながらも物資《ぶっし》が送《おく》られていたのです。

あくる日の晩《ばん》も、アンネとハンネリは会いました。そのときハンネリは、親友のために小さな包《つつ》みを手にしていました。包《つつ》みのなかには、ウールの上着《うわぎ》、ビスケット、砂糖《さとう》、缶《かん》詰《づめ》のイワシが入っていました。でも、二人のあいだは有刺鉄線《ゆうしてっせん》でさえぎられているため、じかに手わたすことはできません。ハンネリは、小包《こづつ》みを高い有刺鉄線《ゆうしてっせん》の向《む》こう側《がわ》にほうりました。

ところが、小包《こづつ》みが地面《じめん》に落《お》ちたとたん、アンネのさけび声がひびきました。近くにいた別《べつ》の女性《じょせい》が、小包《こづつ》みを横《よこ》どりしてしまったのです。翌日《よくじつ》の晩《ばん》も、ハンネリは小包《こづつ》みを有《ゆう》刺鉄線《してっせん》ごしにほうりました。今度《こんど》は、首尾《しゅび》よくアンネの手にわたりました。しかし、二人が会えたのはこの日が最後《さいご》でした。ハンネリの父が亡《な》くなり、ハンネリ自身《じしん》も病気《びょうき》になって寝《ね》こんでしまったからです。

その冬、不潔《ふけつ》なベルゲン＝ベルゼン強制収容所《きょうせいしゅうようじょ》では、コロモジラミを通じて感染《かんせん》する発疹《はっしん》チフスが大流行《だいりゅうこう》しました。まもなく、アンネの姉のマルゴーもチフスにかかり、すっかり弱ってしまいました。やがて、立つことさえむずかしくなりました。マルゴーは病人用《びょうにんよう》の宿舎《しゅくしゃ》に移《うつ》され、アンネも看病《かんびょう》のためにつきそいました。ほかの宿舎《しゅくしゃ》よりも少し暖《あたた》かくしてありましたが、もちろん、そこで暮《く》らしているのは病人《びょうにん》ばかりです。

リーンチェとヤニー姉妹《しまい》は、水とごく少量《しょうりょう》の食《た》べ物《もの》を持《も》って、ときどきアンネとマルゴーに会いに行きました。この病棟《びょうとう》には、水も食《た》べ物《もの》も支給《しきゅう》されなかったからです。人々は飢《う》えと病気《びょうき》のために、ばたばたと死《し》んでいきました。

のちに、アンネとマルゴーはもとの宿舎《しゅくしゃ》にもどされましたが、すでに二人とも発疹《はっしん》チフスにかかっていました。しかも、二人のベッドはドアのそばにあったため、昼も夜も、さすような冷《つめ》たい風が入りこんできました。生きのびた人たちが、当時の二人について語っています。

「『ドアをしめて！ドアをしめて！』アンネとマルゴーは、絶《た》えずこうさけんでいました。」

二人は高熱《こうねつ》におそわれ、体じゅうに小さな発疹《はっしん》がでていました。発疹《はっしん》チフスの末期症状《まっきしょうじょう》でした。一九四五年二月の終《お》わりごろ、マルゴーは寝《ね》たきりになり、意識《いしき》もほとんどなくなってしまいました。アンネは自分が病気《びょうき》にかかってからも、献身的《けんしんてき》に姉を介抱《かいほう》し、はげましつづけました。そして、姉が眠《ねむ》っているとき、ぽつりとこうつぶやきました。

「マルゴーが眠《ねむ》っているときは、わたしもベッドに寝《ね》たままでいられる……体を起《お》こす必《ひつ》要《よう》がなくなるわ。」

マルゴーは、病気《びょうき》に打《う》ち勝《か》つことができませんでした。一九四五年の三月中旬《ちゅうじゅん》ないしは下旬《げじゅん》に、とうとう亡《な》くなってしまいました。

そのころ、アンネは服《ふく》を着《き》ていませんでした。シラミだらけになった服《ふく》を脱《ぬ》ぎすて、体を毛布《もうふ》でおおっていただけでした。病気《びょうき》と寒《さむ》さと飢《う》えが、アンネのやせ細った体におそいかかります。姉の死《し》が、アンネの生きる気力さえうばおうとしていました。マルゴーの死《し》から数日後、ついにアンネも息《いき》をひきとりました。だれにも看取《みと》られず、一人きりでこの世《よ》を去《さ》ったのです。

一九四五年四月十五日、イギリス軍《ぐん》は、ベルゲン=ベルゼン強制収容所《きょうせいしゅうようじょ》をナチの手から解放《かいほう》しました。アンネが亡《な》くなってから、わずか数週間後のことでした。

バルト海
ソビエト連《れん》邦《ぽう》
シュトゥットホーフ
トレブリンカ
ワルシャワ
ヘウムノ
ソビブル
マイダネク
（ポーランド）
アンネたちが
移《い》送《そう》された収容所《しゅうようじょ》
テレージエン
シュタット
ベウジェツ
アウシュビッツ
プラハ
スロバキア
マウトハウゼン
ウィーン
ブダペスト
ハンガリー
ユーゴスラビア
……強制収容所《きょうせいしゅうようじょ》
……ドイツの領土《りょうど》(1942年)

おもなナチ強制収容所《きょうせいしゅうようじょ》の場所《ばしょ》
北 海
デンマーク
コペンハーゲン
逮捕《たいほ》後《ご》、アンネたちが一時的《いちじてき》に送《おく》られた収容所《しゅうようじょ》
ノイエンガメ
イギリス
ベステルボルク
ザクセンハウゼン
アムステルダム
ベルゲン=ベルゼン
ベルリン
オランダ
アンネが息《いき》をひきとった収容所《しゅうようじょ》
ブリュッセル
ベルギー
ブーヘンバルト
フランクフルト
フロッセンビュルク
パリ
ルクセンブルク
ダッハウ
ミュンヘン
フランス
ベルン
(オーストリア
スイス
リヨン
イタリア
ミラノ

〈訳者注《やくしゃちゅう》〉

隠《かく》れ家《が》で暮《く》らしていたファン・ペルス一家の三人も、フリッツ・プフェファーも、生きてもどることはできませんでした。

最初《さいしょ》に亡《な》くなったのは、ヘルマン・ファン・ペルスでした。アウシュビッツ収容所《しゅうようじょ》に移《い》送《そう》された直後の一九四四年九月六日、ガス室に送《おく》られて殺《ころ》されました。

フリッツ・プフェファーは、一九四四年十月二十九日にザクセンハウゼン収容所《しゅうようじょ》に移送《いそう》されました。その後、ノイエンガメ収容所《しゅうようじょ》に送《おく》られて、同じ年の十二月二十日に死亡《しぼう》しました。死因《しいん》など、くわしいことはわかっていません。

ファン・ペルス夫人《ふじん》は、一九四五年二月にベルゲン＝ベルゼンから出されたのち、ブーヘンバルトを経《へ》て四月九日にテレージエンシュタットに送《おく》られました。しかし、わかっているのは、夫人《ふじん》が一九四五年五月八日以前《いぜん》に死亡《しぼう》したことだけです。

ファン・ペルス夫妻《ふさい》の息子《むすこ》ペーターは、一九四五年一月十六日に数千名の囚人《しゅうじん》たちとともに死《し》の行軍《こうぐん》に加《くわ》わり、アウシュビッツから徒歩《とほ》でオーストリアのマウトハウゼンに到着《とうちゃく》しました。そして石切《いしき》り場《ば》で苛酷《かこく》な労働《ろうどう》を強《し》いられ、収容所《しゅうようじょ》が解放《かいほう》される三日前の五月五日に衰弱《すいじゃく》して死亡《しぼう》しました。

第6章　アンネの日記

「戦争《せんそう》が終《お》わったら、『隠《かく》れ家《が》』という題名《だいめい》の本を書きたいと思います……。」

（『アンネの日記』一九四四年五月十一日）

Chapter6

オットー・フランク……………………アンネの父

フリッツィ・ガイリンガー…………オットーの再婚相手《さいこんあいて》

＊隠《かく》れ家《が》の協力者《きょうりょくしゃ》（オットーの会社関係者《かいしゃかんけいしゃ》）

ビクトル・クーフレル……………役員《やくいん》

ヨハンネス・クレイマン…………役員《やくいん》。オットーの古い友人

ミープ・ザントルーシッツ………女性社員《じょせいしゃいん》

ヤン・ヒース…………………………ミープの夫《おっと》

ベップ・フォスキュイル…………女性社員《じょせいしゃいん》

＊アンネの友だち

ハンネリ・ホースラル

ジャクリーヌ・ファン・マールセン

＊収容所《しゅうようじょ》でのアンネの友だち

ヤニー・ブリレスレイペル

＊オットーの会社の従業員《じゅうぎょういん》

ビレム・ヘラルト・ファン・マーレン………倉庫係《そうこがかり》

プリンセンフラハト二六三番地にかくれていた八人のうち、生きのこったのは、アンネの父オットー・フランクただ一人でした。アンネとマルゴーがベルゲン＝ベルゼンに移送《いそう》されたあとも、オットーはずっとアウシュビッツにいました。そのアウシュビッツ収容所《しゅうようじょ》は、一九四五年一月二十七日、ソ連軍《れんぐん》によって解放《かいほう》されました。ソ連軍《れんぐん》の兵士《へいし》たちは、まず、健康《けんこう》な人と死《し》にかけている病人《びょうにん》とを別々《べつべつ》の宿舎《しゅくしゃ》に収容《しゅうよう》し、健康《けんこう》な人たちには服《ふく》と食《た》べ物《もの》を配《くば》りました。

別《べつ》の宿舎《しゅくしゃ》に移《うつ》されたオットーは、数週間をそこですごし、のちに列車《れっしゃ》でウクライナ南部《なんぶ》のオデッサに移送《いそう》されることになりました。移送《いそう》の途中《とちゅう》、だれかれかまわずつかまえては、妻《つま》と二人の娘《むすめ》のことをきいてまわりました。ぐうぜん、ベステルボルクで知り合った女性《じょせい》と再会《さいかい》し、妻《つま》のエーディトが亡《な》くなったことを知らされました。その女性《じょせい》は、エーディトが亡《な》くなる直前《ちょくぜん》までいっしょにすごしていたのです。

オットーは深《ふか》い悲《かな》しみにおそわれました。それでも、希望《きぼう》を捨《す》てませんでした。まだ二人の娘《むすめ》がいます。アンネとマルゴーはきっと生きている、とオットーは信《しん》じていました。

ベルゲン＝ベルゼンは、自分がいたアウシュビッツほどひどい収容所《しゅうようじょ》ではないと思っていたからです。

毎日、ガス室でユダヤ人が殺《ころ》されていたアウシュビッツは、絶滅収容所《ぜつめつしゅうようじょ》と呼《よ》ばれていたほどでした。その収容所《しゅうようじょ》で、オットーはなんとか生きのびたのです。若《わか》いアンネとマルゴーが死《し》んだなどとは、考えられませんでした。ベルゲン＝ベルゼンでチフスが流行《りゅうこう》したことは知っていましたが、アンネとマルゴーは大半のユダヤ人よりもおくれて移送《いそう》されたので、収容所《しゅうようじょ》でのきびしい暮《く》らしをぶじにのりきったと信《しん》じていたのです。

オットーは、まず船でフランスにわたり、そこから列車《れっしゃ》やトラックを乗《の》りつぎながら、長い旅《たび》のすえにようやくアムステルダムにもどりました。一九四五年六月三日のことでした。アムステルダムの駅《えき》に到着《とうちゃく》すると、まっすぐミープとヤン・ヒースのアパートに向《む》かいました。自分の帰る家はすでになく、友人のヒース夫妻《ふさい》をたよるしかなかったのです。

ミープとヤンは、オットーが生きてもどったことを心からよろこび、自分たちの家にあたたかくむかえ入れました。そして、「いつまでもすきなだけ、ここで暮《く》らしてください」

といいました。オットーは妻《つま》が亡《な》くなったことを告《つ》げ、娘《むすめ》たちの生存《せいぞん》には希望《きぼう》をもっているると話しました。

ミープも、アンネとマルゴーは必《かなら》ず生きてもどってくると信《しん》じていました。信《しん》じていたからこそ、プリンセンフラハト二六三番地の事務所《じむしょ》にアンネの日記を保管《ほかん》していることも、あえてオットーに知らせなかったのです。アンネがもどってきたときに、じかに手わたそうと考えていました。

ミープがアンネの日記を見つけたのは、隠《かく》れ家《が》の八人が逮捕《たいほ》された日でした。ゲシュタポたちが去《さ》ったあと、ミープとヤンとベップは隠《かく》れ家《が》に入ってみました。隠《かく》れ家《が》のなかは、めちゃめちゃに荒《あ》らされていました。ひきだしはあけっぱなしになり、中身《なかみ》がそこらじゅうに散乱《さんらん》して、床《ゆか》が見えなくなるほどでした。何もかもがひっくりかえされ、本や紙もちらばっていました。

ふとミープは、本や紙のあいだからのぞいているチェックの日記帳《にっきちょう》に気がつきました。

まわりにちらばっている紙も、アンネの日記用に使《つか》っていたものだとわかりました。すぐさまベップに指示《しじ》すると、二人であわてて紙をひろいあつめました。ミープは、アンネの頭文字《かしらもじ》がししゅうされた靴入《くつい》れと、バラのもようが入った化粧用《けしょうよう》ケープもひろいました。

一方、ヤンは、写真《しゃしん》アルバムや教科書などをかかえると、ミープとベップをせかしながら隠《かく》れ家《が》をあとにしました。いつまた、あのゲシュタポがひきかえしてくるかわからないからです。

事務所《じむしょ》にもどると、ミープは、アンネの日記を自分の机《つくえ》のひきだしにしまいこみました。アンネがもどってくるまで、たいせつに保管《ほかん》するつもりでした。一度《ど》もその日記を読もうとせず、ほかの者《もの》にも決《けっ》して読ませませんでした。日記はアンネ個人《こじん》のものです。アンネの父のオットーといえども、勝手《かって》に目を通していいはずがありません。

ミープとヤンのアパートにおちついたオットーは、すぐさま仕事《しごと》に復帰《ふっき》し、事務所《じむしょ》に通いはじめました。クーフレルやクレイマンとも再会《さいかい》し、たがいの無事《ぶじ》をよろこびあいました。クレイマンはオランダの収容所《しゅうようじょ》に送《おく》られたあと、病気《びょうき》のために家に帰されました。クーフレルは半年以上《いじょう》もオランダ国内の収容所《しゅうようじょ》を転々《てんてん》としたのち、ドイツに送《おく》られることになりました。しかし、移送《いそう》の途中《とちゅう》、ドイツ軍《ぐん》はイギリス軍《ぐん》の攻撃《こうげき》をうけました。そのどさくさにまぎれて、自宅《じたく》に逃《に》げ帰《かえ》ったのです。

仲間《なかま》たちがそろい、以前《いぜん》のままの生活が再開《さいかい》されました。変《か》わったのは、倉庫係《そうこがかり》の一人、ファン・マーレンが解雇《かいこ》されたことでした。フランク一家やファン・ペルス一家が隠《かく》れ家《が》で暮《く》らしていることをゲシュタポに密告《みっこく》したのは、ファン・マーレンだと考える人がたくさんいました。けれど、はっきりした証拠《しょうこ》はありませんでした。ファン・マーレンがくびになったのは、事務所《じむしょ》のお金をひそかに使《つか》いこんでいることがばれたせいでした。

オットーは仕事《しごと》のかたわら、ありとあらゆる手をつくして、娘《むすめ》たちの安否《あんぴ》をたしかめようとしました。ベルゲン＝ベルゼンに収容《しゅうよう》されていたと思われる人々に手紙を書き、返信《へんしん》がとどくのを首を長くして待《ま》ちました。しかし、知らせは入ってきませんでした。六月十二日のアンネの誕生日《たんじょうび》をいっしょに祝《いわ》いたいという願《ねが》いもかないませんでした。

日がたつにつれて、オットーはだんだん不安《ふあん》になってきました。そんな七月のある日、ついに、アンネとマルゴーの消息《しょうそく》がつかめたのです。しかし、その知らせは、オットーが望《のぞ》んでいたものではありませんでした。

この日、オットーは娘《むすめ》たちの安否《あんぴ》をたしかめようと、赤十字社《せきじゅうじしゃ》まで足を運《はこ》び、赤十字社《せきじゅうじしゃ》が作成《さくせい》した死者《ししゃ》のリストに目を通しました。リストには、アンネとマルゴーの名前が記されていました。そして二人の名前のわきには、死者《ししゃ》をあらわす〝X〟のマークが入っていたのです！

アンネとマルゴーの名前にXの印《しるし》をつけたのは、ヤニー・ブリレスレイペルでした。ヤニーと姉のリーンチェは、アンネとマルゴーが亡《な》くなったことを知っていました。ベルゲン＝ベルゼン収容所《しゅうようじょ》では、ともに助《たす》け合《あ》い、はげましあいながら暮《く》らしていたのです。赤十字社《せきじゅうじしゃ》に出向《でむ》いてからしばらくして、オットーはヤニーの家を訪問《ほうもん》しました。娘《むすめ》たちのことを、ヤニーの口からじかにききたかったからです。ヤニーは事実《じじつ》を告《つ》げるしかありませんでした。

「あなたの娘《むすめ》さんたちは……もうこの世《よ》にいません。」

その瞬間《しゅんかん》、オットーはまっさおになり、くずれるようにして椅子《いす》にすわりこみました。すっかり望《のぞ》みが絶《た》たれたのです。たとえいまわしい事実《じじつ》でも、うけいれざるをえませんでした。

アンネとマルゴーの死《し》を知らされたとき、ミープは深《ふか》い悲《かな》しみにおそわれました。そして、まっさきに考えたのはアンネの日記のことでした。アンネ自身《じしん》がうけとれなくなったいま、日記は彼女《かのじょ》にもっとも近い人物《じんぶつ》、オットー・フランクにわたすべきなのです。アンネが逮捕《たいほ》された日に机《つくえ》のひきだしにしまって以来《いらい》、日記に手をふれた者《もの》は一人もいませんでした。ミープは、アンネの帰りを待《ま》ちつづけていた紙の束《たば》と小さな日記帳《にっきちょう》をとりだしました。そして両手《りょうて》にかかえこむと、まっすぐ社長室に入り、オットーの机《つくえ》の上におろしてそっと声をかけました。

「さあ、あなたのお嬢《じょう》さんの形見《かたみ》です。」

紙の束《たば》のいちばん上には、チェックの小さな日記帳《にっきちょう》がのっていました。

ミープが部屋《へや》からでていくと、オットーは小さな日記帳《にっきちょう》の表紙《ひょうし》をめくりました。一ページ目には、ありし日のアンネの写真《しゃしん》がはってありました。写真《しゃしん》の中から、アンネがオットーにほほえみかけています。オットーは、そのページに書かれた日記に目を通しました。

「……六月十二日、金曜日には、朝六時に目がさめました。ふしぎじゃないわ。だって、わたしのお誕生日《たんじょうび》なんですもの……。」

オットー・フランクは、愛《あい》する娘《むすめ》たちの死《し》を知らされたときから、戦争前《せんそうまえ》の友人や知人をさがしだす努力《どりょく》に時間を費《つい》やすようになりました。隠《かく》れ家《が》でともにすごした人たちは、それぞれ別《べつ》の収容所《しゅうようじょ》で亡《な》くなっていることがわかっていました。生きのこっている人は、それほど多くありません。アンネの親友だったハンネリ・ホースラルと、ジャクリーヌ・ファン・マールセンが生きていることをつきとめると、しばしば二人のもとをたずねました。スイスのバーゼルに住《す》む老《お》いた母親と妹の家族《かぞく》には、アンネの日記がのこっていることを知らせました。

「……ミープとヤンが、写真《しゃしん》アルバムとアンネの日記を救《すく》ってくれました。とはいえ、わたしには、日記を読み通すだけの気力がわきません……。」

しかし、まもなくオットーは、アンネの日記に目を通しはじめました。やがて、途中《とちゅう》でやめられなくなってきました。ずっとのちになって、オットーはそのときの気持《きも》ちを書きのこしています。

「最初《さいしょ》のうち、わたしはゆっくりと読みはじめました。つらい記憶《きおく》にうちのめされ、一日にせいぜい二、三ページずつしか読めないだろうと思っていたからです。しかし、日記を書いたアンネは、わたしが失《うしな》った子どもとはまったく別人《べつじん》でした。アンネは、あらゆる人々やあらゆるできごとを通じて、自分の心の奥《おく》にある感情《かんじょう》とこまやかな感受性《かんじゅせい》を、正直《しょうじき》にいきいきと書きつづっていたのです。日記を読みすすむうちに、隠《かく》れ家《が》での二年間の生活が、わたしの脳裏《のうり》にありありとよみがえってきました。」

オットー・フランクは、アンネが最初《さいしょ》に書いた日記と、出版《しゅっぱん》することを考えて書きなおした日記を組み合わせてタイプで打《う》ち、スイスの母親と妹のもとに送《おく》ることにしました。アンネが怒《いか》りにまかせて母のエーディトの悪口《わるくち》を書いた部分《ぶぶん》は、意識的《いしきてき》にはぶきました。そして友人の劇作家《げきさっか》の協力《きょうりょく》をあおぎ、日記をオランダ語からドイツ語に翻訳《ほんやく》しました。スイスに住《す》むオットーの母は、オランダ語が読めなかったからです。こうしてドイツ語に翻訳《ほんやく》したアンネの日記を、オットーは少しずつスイスに郵送《ゆうそう》しました。スイスに住《す》む家族《かぞく》がおどろいたことはいうまでもありません。

オットーの知人でもあり、出版界《しゅっぱんかい》にコネをもつベルナー・カーンは、オットーに日記の出版《しゅっぱん》をすすめました。最初《さいしょ》のうち、オットーはなやみました。思春期《ししゅんき》の少女が赤裸々《せきらら》に書きつづった日記を公表《こうひょう》することに、ためらいがあったからです。しかし結局《けっきょく》は、日記を出版《しゅっぱん》することは、アンネの意思《いし》にもかなうものと判断《はんだん》しました。

後年《こうねん》、オットーはこんなふうにふりかえっています。

「自分の書いたものが出版《しゅっぱん》されたことを知れば、アンネがさぞかしよろこんだことでしょう……初《はじ》めのうち、わたしは出版《しゅっぱん》をためらいました。しかし、やがて友人たちのことばが正しかったことを実感《じっかん》したのです。日記が初《はじ》めて出版《しゅっぱん》されたのは、一九四七年でした。アンネは誇《ほこ》らしく思ったにちがいありません。」

一九四七年六月にでたオランダ語の初版《しょはん》は、六か月間で売り切れました。やがて、オットーは、原稿《げんこう》をドイツの出版社《しゅっぱんしゃ》にもちこみました。最初《さいしょ》、その出版社《しゅっぱんしゃ》は色よい返事《へんじ》をしませんでした。ドイツの人々が悪感情《あくかんじょう》をいだくのではないかと考えたせいです。しかし、心配《しんぱい》するまでもありませんでした。一九五〇年に出版《しゅっぱん》された日記の売れ行きは好調《こうちょう》でした。

同じ年に、フランスでも出版《しゅっぱん》されました。

二年後、イギリスでもアメリカでも出版《しゅっぱん》される運《はこ》びとなりました。アメリカではたちまちベストセラーになりましたが、イギリスの人々が高い評価《ひょうか》をくだすまでには、少し時間がかかりました。同じ一九五二年には日本でも出版《しゅっぱん》され、好評《こうひょう》を博《はく》しました。

一九五〇年代《ねんだい》なかばまでには、オットー・フランクは一日に数時間をかけて、読者《どくしゃ》からの手紙に返事《へんじ》を書くようになりました。『アンネの日記』が世界的《せかいてき》ベストセラーになったのは、一九五五年に舞台化《ぶたいか》され、アメリカのニューヨークで上演《じょうえん》されたのがきっかけでした。芝居《しばい》は高く評価《ひょうか》され、数々の賞《しょう》を受賞《じゅしょう》しました。そしてまもなく、ヨーロッパ各地《かくち》でも巡演《じゅんえん》されることになりました。

ドイツでは百万人以上《いじょう》の人々が劇場《げきじょう》に足を運《はこ》び、原作の『アンネの日記』も飛《と》ぶように売れはじめました。町の通りや学校には、アンネにちなんだ名前がつけられました。二千人にもおよぶ十代《だい》の若者《わかもの》たちが、わざわざツアーを組んで、収容所《しゅうようじょ》のあったベルゲン＝ベルゼンまで旅《たび》をし、アンネの死《し》を悼《いた》みました。アンネが生まれたフランクフルトの家の壁《かべ》には、記念《きねん》の飾《かざ》り板《いた》が打《う》ちつけられました。一九五七年にアメリカで映画化《えいがか》されるにおよんで、『アンネの日記』は、世界中《せかいじゅう》のすみずみまで知れわたることになったのです。

『アンネの日記』が初《はじ》めて本になってまもないころから、プリンセンフラハト二六三番地をおとずれてはドアをノックして、隠《かく》れ家《が》を見せてもらえないかとたのむ人があとをたちませんでした。

その結果《けっか》、一九六〇年には、運河《うんが》に面《めん》したこの建物《たてもの》とうしろの家は記念館《きねんかん》となり、「アンネ・フランクの家」と名づけられて一般公開《いっぱんこうかい》されることになりました。表《おもて》の建物《たてもの》の事務所《じむしょ》と倉庫《そうこ》の部分《ぶぶん》は改装《かいそう》されましたが、隠《かく》れ家《が》はアンネたちが暮《く》らしていたときのままに復元《ふくげん》されました。オットー・フランクは、隠《かく》れ家《が》の家具《かぐ》や調度《ちょうど》をすべてとりはらい、からっぽにするべきだと主張《しゅちょう》しましたが……。ゲシュタポが何もかも略奪《りゃくだつ》していったあとの隠《かく》れ家《が》の状態《じょうたい》を、ありのままに再現《さいげん》するべきだと考えたからです。

オットーは、収容所《しゅうようじょ》をでてオランダへの移動中《いどうちゅう》に知り合ったフリッツィ・ガイリンガーと再婚《さいこん》し、引退後《いんたいご》はスイスに移住《いじゅう》しました。二人は、戦争前《せんそうまえ》に同じメルベデ広場に住《す》んでいましたが、面識《めんしき》はありませんでした。オットーは妻《つま》と娘《むすめ》たちを、フリッツィは夫《おっと》と息子《むすこ》をそれぞれ収容所《しゅうようじょ》で失《うしな》い、似《に》たような境遇《きょうぐう》にあったのです。フリッツィは夫《おっと》に協力《きょうりょく》し、『アンネの日記』の読者《どくしゃ》から送《おく》られてくる膨大《ぼうだい》な数の手紙に必《かなら》ず返事《へんじ》を書きました。今日《こんにち》、アムステルダムの「アンネ・フランクの家」には、年に八十万人以上《いじょう》の人々がおとずれています。

晩年《ばんねん》のオットー・フランクは、『アンネの日記』は戦後《せんご》になって別人《べつじん》が書いたにせの日記だと主張《しゅちょう》する、過激《かげき》なネオナチを相手《あいて》に闘《たたか》わなければなりませんでした。ネオナチは、ナチのかかげた国家社会主義《こっかしゃかいしゅぎ》と民族主義《みんぞくしゅぎ》をあがめていました。こうしたネオナチの口を封《ふう》じるため、オットーは、アンネの自筆《じひつ》によるすべての記録《きろく》をドイツ連邦犯罪捜査局《れんぽうはんざいそうさきょく》に提出《ていしゅつ》しました。その結果《けっか》、さまざまな科学的捜査《かがくてきそうさ》がなされ、『アンネの日記』は本物《ほんもの》だということが証明《しょうめい》されたのです。オットーは、一九八〇年八月十九日、スイスの自宅《じたく》で九十一歳《さい》の生《しょう》涯《がい》をとじました。

隠《かく》れ家《が》で暮《く》らす八人を支《ささ》えた人たちのなかで現在《げんざい》も生きているのは、ミープ・ヒースだけになりました。第二次世界大戦中《だいじせかいたいせんちゅう》、この協力者《きょうりょくしゃ》たちは自分たちの危険《きけん》もかえりみず、ユダヤ人をせいいっぱい支《ささ》えてきました。その功績《こうせき》を高く評価《ひょうか》され、一九九四年にはドイツ連邦功労十字章《れんぽうこうろうじゅうじしょう》を、翌《よく》一九九五年には、イスラエルの首都《しゅと》エルサレムにあるヤド・ウァシェム博物館《はくぶつかん》から記念《きねん》メダルを贈《おく》られました。

『アンネの日記』の読者《どくしゃ》たちが強い関心《かんしん》をもったのは、隠《かく》れ家《が》の八人を密告《みっこく》したのは何者《なにもの》なのか、ということでした。この件《けん》に関《かん》しては警察当局《けいさつとうきょく》がくわしく捜査《そうさ》しましたが、密告《みっこく》者《しゃ》は特定《とくてい》できませんでした。疑《うたが》わしい人物《じんぶつ》はいても、たしかな証拠《しょうこ》も証言《しょうげん》も得《え》られなかったのです。

一九四五年、クレイマンとクーフレルは、倉庫係《そうこがかり》のファン・マーレンこそゲシュタポに密告《みっこく》した張本人《ちょうほんにん》だと確信《かくしん》し、警察《けいさつ》に手紙を送《おく》りました。

戦時中《せんじちゅう》、ファン・マーレンは事務所《じむしょ》の金にたびたび手をつけていました。隠《かく》れ家《が》に面《めん》した表《おもて》の建物《たてもの》の窓《まど》から、目隠《めかく》しのために塗《ぬ》られた青いペンキをこすり落《お》とそうとして、クーフレルにとがめられたことさえありました。巧妙《こうみょう》な手を使《つか》い、仕事《しごと》を終《お》えて帰宅《きたく》する前に、事務所《じむしょ》の机《つくえ》のはしに鉛筆《えんぴつ》をおいたこともありました。鉛筆《えんぴつ》がほんのわずかでも動《うご》いていれば、夜のあいだにだれかが事務所《じむしょ》をうろついたことがわかります。実際《じっさい》、隠《かく》れ家《が》の人たちが夜になって事務所《じむしょ》にでてくることは、少なくありませんでした。小麦粉《こむぎこ》を床《ゆか》にまき、足《あし》跡《あと》がついているかどうかをたしかめようとさえしました。

こうした一連《いちれん》の奇妙《きみょう》な行動《こうどう》について質問《しつもん》されると、ファン・マーレンは、本物《ほんもの》の泥棒《どろぼう》をとらえ、会社の金を横領《おうりょう》したという自分への疑《うたが》いを晴らそうとしただけだと答えました。それでも、隠《かく》れ家《が》の八人はファン・マーレンをおそれていました。アンネも日記の中で何《なん》度《ど》かこの倉庫係《そうこがかり》のことにふれ、彼《かれ》のあやしげな態度《たいど》に疑問《ぎもん》を投《な》げかけました。しかし、いずれにしろ、ファン・マーレンが密告者《みっこくしゃ》だというたしかな証拠《しょうこ》は得《え》られませんでした。その後も、数人の容疑者《ようぎしゃ》が警察《けいさつ》の取《と》り調《しら》べをうけましたが、結局《けっきょく》はなぞのまま、捜査《そうさ》は打《う》ち切《き》られてしまいました。

現在《げんざい》、『アンネの日記』はアムステルダムにもどり、記念館《きねんかん》となっている隠《かく》れ家《が》に展示《てんじ》されています。いまや日記は、ユダヤ人に対《たい》するナチの残虐《ざんぎゃく》な行為《こうい》を後世《こうせい》に伝《つた》える貴重《きちょう》な遺《い》産《さん》となり、アンネは世界中《せかいじゅう》の人々に知られる少女となったのです。アンネ・フランクを記《き》念《ねん》して、その名をつけたバラやチューリップ、アンネの彫像《ちょうぞう》、切手、賞《しょう》やメダルがあり、オランダでは誕生日《たんじょうび》の六月十二日が祝日《しゅくじつ》に制定《せいてい》され、世界各地《せかいかくち》で関連《かんれん》の展示会《てんじかい》が開催《かいさい》されています。イスラエルのエルサレムの森では、一万本もの記念樹《きねんじゅ》が成長《せいちょう》しています。アムステルダムにあるマダム・タッソーの蠟人形館《ろうにんぎょうかん》にも、アンネの像《ぞう》が展示《てんじ》されています。

とはいえ、アンネ自身《じしん》は、ごくふつうの少女だったのです。これまで、アンネとその日記に関《かん》するさまざまな本が出版《しゅっぱん》され、数々の賞賛《しょうさん》のことばが贈《おく》られてきました。ほめたたえることばをうけるにふさわしい人物《じんぶつ》がほかにもいるとすれば、それは、アンネが世間《せけん》から忘《わす》れ去《さ》られないように手をつくした、父のオットー・フランクかもしれません。

かつてオットーは、ある出版関係《しゅっぱんかんけい》の人に質問《しつもん》したことがあります。

「『アンネの日記』がこれほど多くの人々に読みつがれてきた理由《りゆう》は、何だと思いますか？」

すると、その人はこう答えました。

「さまざまな世代《せだい》の読者《どくしゃ》一人一人が、個人的《こじんてき》に感動《かんどう》できるせいではないでしょうか。子どもたちの両親《りょうしん》や先生は、自分たちの子どもや生徒《せいと》を真《しん》に理解《りかい》するのがいかにむずかしいかを『アンネの日記』から学び……若者《わかもの》たちは自分をアンネにおきかえたり、アンネを自分の友人として見たりする。だれにとっても、アンネは身近《みぢか》な存在《そんざい》として感《かん》じられるのです。」

かつて、アンネは日記にこう書きました。

「わたしの望《のぞ》みは、死《し》んだあともずっと生きつづけることです！」

アンネの望《のぞ》みはかないました。世界中《せかいじゅう》の人々の胸《むね》のなかで、いまもアンネ・フランクは生きつづけているのです。


（おわり）

1942年。アンネの写真《しゃしん》としては、最後《さいご》に撮影《さつえい》されたものとされています。

フランク一家がかくれていたプリンセンフラハト263番地の「うしろの家」。アンネはこの建物《たてもの》の3階《がい》左側《ひだりがわ》の部屋《へや》を使《つか》っていました。

第《だい》二次《じ》世《せ》界《かい》大《たい》戦《せん》後《ご》まもないころ。隠《かく》れ家《が》の入り口の前に立つヨハンネス・クレイマン。
大きな本棚《ほんだな》が、秘密《ひみつ》の入り口をおおいかくす役目《やくめ》をはたしていました。

1999年。アンネとマルゴーのいとこ、バディー・エリーアス。ベルゲン＝ベルゼン強制収《きょうせいしゅう》容所跡《ようじょあと》に建《た》てられたアンネとマルゴーの記念碑《きねんひ》の前にたたずみ、姉妹《しまい》の死《し》を悼《いた》んでいます。

訳者《やくしゃ》あとがき

橘高弓枝《きったかゆみえ》

本書『アンネ・フランク』は、ナチ（ナチス）によるホロコースト（ユダヤ人大虐殺《だいぎゃくさつ》）の犠牲《ぎせい》となった少女アンネ・フランクの生涯《しょうがい》をつづった作品《さくひん》です。

アンネは、一九二九年六月十二日、ドイツのフランクフルトで生まれ、一九四五年三月、ドイツのベルゲン＝ベルゼン収容所《しゅうようじょ》で発疹《はっしん》チフスのために亡《な》くなりました。病気《びょうき》と飢《う》えと寒《さむ》さが、十五歳《さい》の少女の命《いのち》をうばったのです。

ナチ（ナチス）の略称《りゃくしょう》で知られる国家《こっか》社会主義《しゃかいしゅぎ》ドイツ労働者党《ろうどうしゃとう》が台頭《たいとう》してきたのは、ちょうどアンネが生まれたころでした。ナチの党首《とうしゅ》、アドルフ・ヒトラーは、偏見《へんけん》にみちた過激《かげき》な思想《しそう》の持《も》ち主《ぬし》でした。ユダヤ人、黒人、ロマ（ジプシー）などをドイツ国外に追放《ついほう》し、自分の国を純粋《じゅんすい》のドイツ人だけで繁栄《はんえい》させなければならないと考えていたのです。

まず標的《ひょうてき》になったのは、ドイツ国内に住《す》むユダヤ人でした。ヒトラーの人種差別《じんしゅさべつ》は、ユダヤ人に対《たい》して向《む》けられたのです。彼《かれ》はユダヤ人をはげしく攻撃《こうげき》し、ユダヤ人は一般社会《いっぱんしゃかい》で生きていく資格《しかく》などないとさえ考えました。一九三三年には、六万三千人ものユダヤ人がドイツをはなれました。アンネ・フランクの一家もドイツを出て、オランダのアムステルダムに移住《いじゅう》しました。

それでも、一九四二年七月に隠《かく》れ家《が》に移《うつ》るまで、アンネは両親《りょうしん》の愛情《あいじょう》につつまれて、勉《べん》学《がく》にはげみ、友だちとの交際《こうさい》や遊びを楽しみました。自由《じゆう》な校風で知られるモンテッソーリ・スクールで、のびのびとした学園生活を送《おく》っていたのです。オランダでのこうした幸《しあわ》せな生活がつづいたのは、四歳《さい》から十三歳《さい》まででした。

一九四一年ごろから、オランダでもユダヤ人に対《たい》する迫害《はくがい》が強くなってきました。アンネの父オットーは、オランダの移民局《いみんきょく》にイギリスへの移住《いじゅう》を申請《しんせい》していましたが、いつ許《きょ》可《か》がおりるかわからない状態《じょうたい》でした。このままでは、いずれは強制収容所《きょうせいしゅうようじょ》に送《おく》られてしまいます。そのため、アンネの両親《りょうしん》は、隠《かく》れ家《が》に身《み》をひそめる決心《けっしん》をしたのです。

アンネが日記を書きはじめたのは、隠《かく》れ家《が》に潜伏《せんぷく》する一か月前の六月十二日、十三歳《さい》の誕生日《たんじょうび》に父からサイン帳《ちょう》をおくられたのがきっかけでした。『アンネの日記』は、ゲシュタポに逮捕《たいほ》されるまでの二年間つづきました。ゆたかな感受性《かんじゅせい》と深《ふか》い洞察力《どうさつりょく》をもって、思春期《ししゅんき》をむかえた少女の心の軌跡《きせき》が生き生きとつづられています。日本でも一九五二年に初版《しょはん》が発行《はっこう》され、いまなお多くの読者《どくしゃ》に勇気《ゆうき》と感動《かんどう》をあたえつづけています。

アンネはおしゃべりで、好奇心《こうきしん》の強い少女でした。機転《きてん》がきいて活発《かっぱつ》で、人を笑《わら》わせたり、楽しませたりするのが大好《だいす》きでした。年齢《ねんれい》のわりにはかしこくて、おとなびてもいました。

しかし、屈託《くったく》のない少女アンネは、隠《かく》れ家《が》で暮《く》らすうちにしだいに変《か》わっていきます。人生について真剣《しんけん》に考え、あるいは、自分を客観的《きゃっかんてき》に見つめ、自分の考えや言動《げんどう》についても、深《ふか》くかえりみるようになりました。ファン・ペルス夫妻《ふさい》の一人息子《ひとりむすこ》ペーターに恋《こい》をして、年ごろの女の子らしい胸《むね》のときめきも知りました。

本書の著者《ちょしゃ》キャロル・アン・リーがアンネに興味《きょうみ》をもったのは、六歳《さい》のころ、アンネの物語《ものがたり》を子ども向《む》けに書いた本を読んだのが最初《さいしょ》でした。八歳《さい》になると、『アンネの日記』を読み、ますますアンネに心をひかれるようになりました。アンネがなおさら好《す》きになったといいかえるべきかもしれません。

アンネに対《たい》する関心《かんしん》は、薄《うす》れるどころか年とともにますます強くなりました。アンネ・フランク自身《じしん》に、『アンネの日記』に、そして、アンネの運命《うんめい》と短《みじか》い生涯《しょうがい》に心をゆさぶられ、彼女《かのじょ》についてもっと深《ふか》く知りたいと思うようになりました。一九九三年には、大学の授業《じゅぎょう》の一環《いっかん》としてユダヤ博物館《はくぶつかん》で実習《じっしゅう》し、ホロコーストから生還《せいかん》した人々を取材《しゅざい》する仕事《しごと》にもたずさわりました。やがては、七歳《さい》のころから集《あつ》めている資料《しりょう》を活用してアンネの生涯《しょうがい》を本にしたいという欲求《よっきゅう》をおさえられなくなりました。こうして一九九七年、ついに伝記《でんき》の執筆《しっぴつ》にとりかかったのです。

伝記《でんき》を書くにあたり、作者《さくしゃ》はアンネのいとこにあたるベルンハルト（バディー）・エリアスをはじめ、アンネの親戚《しんせき》の協力《きょうりょく》をあおぎました。ヨーロッパ各地《かくち》の強制収容所《きょうせいしゅうようじょ》から生きてもどってきた人たちの証言《しょうげん》を集《あつ》め、博物館《はくぶつかん》や図書館《としょかん》におさめられた膨大《ぼうだい》な記録《きろく》や文献《ぶんけん》にも目を通しました。こうした綿密《めんみつ》な調査《ちょうさ》を行い、大変《たいへん》な労力《ろうりょく》を費《つい》やしたすえに、伝記《でんき》『アンネ・フランクの生涯《しょうがい》（“Roses from the Earth : The Biography of Anne Frank”）』を完成《かんせい》させたのです。

本書『アンネ・フランク』は、この伝記《でんき》をもとに、アンネの生涯《しょうがい》を作者自身《さくしゃじしん》が読みやすく簡潔《かんけつ》にまとめた作品《さくひん》です。のちにキャロル・アン・リーは、アンネの父オットー・フランクの伝記《でんき》“The Hidden Life of Otto Frank”を書いています。

『アンネの日記』そのものは、アンネたちがゲシュタポに逮捕《たいほ》される前の一九四四年八月一日で終《お》わっています。ホロコーストについても、悲惨《ひさん》な強制収容所《きょうせいしゅうようじょ》での体験《たいけん》についても語られてはいません。隠《かく》れ家《が》で暮《く》らしていたころのアンネは、外の世界《せかい》で起《お》こっていることを自分の目でじかに見ることはできませんでした。大勢《おおぜい》のユダヤ人が強制収容所《きょうせいしゅうようじょ》に連行《れんこう》されていること、大量虐殺《たいりょうぎゃくさつ》されていること、ガス室に送《おく》られていること。こうした残酷《ざんこく》な事実《じじつ》は、ラジオや自分たちをかくまってくれた協力者《きょうりょくしゃ》たちから知らされるだけでした。だからこそ、アンネの生涯《しょうがい》をわたしたちにつぶさに伝《つた》えてくれるという点で、この伝記《でんき》には大きな意味《いみ》と意義《いぎ》があるのです。

逮捕《たいほ》されたアンネたち八人は、オランダのベステルボルク通過収容所《つうかしゅうようじょ》を経《へ》て、ポーランドのアウシュビッツ強制収容所《きょうせいしゅうようじょ》へ送《おく》られました。のちにアンネと姉のマルゴーは両親《りょうしん》とはなされ、ドイツのベルゲン＝ベルゼン収容所《しゅうようじょ》に送《おく》られて、そこで短《みじか》い生涯《しょうがい》をとじました。

この伝記《でんき》には、アンネ・フランクの生涯《しょうがい》ばかりでなく、第二次世界大戦中《だいにじせかいたいせんちゅう》の社会情勢《しゃかいじょうせい》、強制収容所《きょうせいしゅうようじょ》のおそろしい実態《じったい》、ホロコーストについても、くわしく書かれています。アンアンネたちが一九四四年八月から翌《よく》一九四五年三月までの八か月間をすごした収容所《しゅうようじょ》での生活や、死《し》にいたるまでの過程《かてい》も克明《こくめい》に描《えが》かれています。

六百万人近くのユダヤ人がヨーロッパ各地《かくち》の強制収容所《きょうせいしゅうようじょ》などで虫けらのように殺《ころ》されていったことは、まぎれもない事実《じじつ》です。この伝記《でんき》は、そうした生々《なまなま》しい記録《きろく》をつつみかくさず伝《つた》えてくれます。アンネ・フランクという少女を通して、人間同士《にんげんどうし》が殺《ころ》し合《あ》う戦争《せんそう》や人種差別《じんしゅさべつ》がどんなに愚《おろ》かなものであるかを教えてくれるのです。

わたしが初《はじ》めて『アンネの日記』を読んだのは、中学生のときでした。正直《しょうじき》にいえば、積極的《せっきょくてき》に本を手にとったわけではありませんでした。ナチに迫害《はくがい》されたユダヤ人の少女が、自分の運命《うんめい》をのろい、悲《かな》しみにひたりながらつづった日々の記録《きろく》……目を通すまでは、そんな先入観《せんにゅうかん》にとらわれていたせいです。

しかしやがて、わたしは自分のまちがいに気づきました。『アンネの日記』を読んで感《かん》じたのは、絶望《ぜつぼう》ではなく、希望《きぼう》でした。不自由《ふじゆう》な暮《く》らしのなかでも夢《ゆめ》や理想《りそう》を失《うしな》わず、精《せい》いっぱい生きようとする少女の前向《まえむ》きな姿勢《しせい》でした。

隠《かく》れ家《が》で暮《く》らした二年間、少なくとも、アンネ自身《じしん》は幸《しあわ》せだと感《かん》じていたのではないでしょうか？　自分たち家族《かぞく》が信頼《しんらい》できる友人たちに支《ささ》えられていることに、彼女《かのじょ》は感謝《かんしゃ》さえしていました。落《お》ちこみそうになったときは、「日記を書くこと」が大きななぐさめにもなり、喜《よろこ》びにもなりました。この日記を読みすすむうちに、わたしにはアンネがすぐ近くで語りかけたり、ほほえみかけたりしてくれるような気がしてきました。それほど彼女《かのじょ》が身近《みぢか》に感《かん》じられるのです。

日記を書きのこしたアンネ・フランクは世界中《せかいじゅう》で知られていますが、もちろん、彼女《かのじょ》だけが特別《とくべつ》な存在《そんざい》だったわけではありません。ホロコーストの犠牲《ぎせい》になった六百万の人それそれに人生があり、それぞれの夢《ゆめ》や理想《りそう》があり、家族《かぞく》や友人たちにとってかけがえのない存在《そんざい》だったことを忘《わす》れてはならないと思います。

本書の翻訳《ほんやく》にあたっては、先にあげた『アンネ・フランクの生涯《しょうがい》』（深町眞理子《ふかまちまりこ》訳《やく》／DHC）のほかに、次《つぎ》の本を参照《さんしょう》させていただきました。心よりお礼《れい》を申《もう》しあげます。この伝記《でんき》を読んでくださった方々も、機会《きかい》があれば、ぜひ読んでみてください。なお、本文で引用されている『アンネの日記』の一部《いちぶ》については、訳者自身《やくしゃじしん》の訳文《やくぶん》を使《つか》いました。

『アンネの日記』アンネ・フランク（深町眞理子《ふかまちまりこ》訳《やく》／文藝春秋《ぶんげいしゅんじゅう》）

『アンネの伝記《でんき》』メリッサ・ミュラー（畔上司《あぜがみつかさ》訳《やく》／文藝春秋《ぶんげいしゅんじゅう》）

『アンネの童話《どうわ》』アンネ・フランク（中川李枝子《なかがわりえこ》訳《やく》／文藝春秋《ぶんげいしゅんじゅう》）

『思い出のアンネ・フランク』

ミープ・ヒース／アリスン・レスリー・ゴールド（深町眞理子《ふかまちまりこ》訳《やく》／文藝春秋《ぶんげいしゅんじゅう》）

『少女アンネ——その足跡《そくせき》』エルンスト・シュナーベル（久米穣《くめみのる》訳《やく》／偕成社《かいせいしゃ》）

◇アンネ・フランクの生涯《しょうがい》と世界《せかい》の動《うご》き◇

西暦《せいれき》（年齢《ねんれい》）	フランク家の歩み	世界《せかい》の動《うご》き
一九二五年	五月十二日、オットー・フランクとエーディト・ホーレンダーがドイツのアーヘンで結婚《けっこん》。	二月、ナチ（国家社会主義《こっかしゃかいしゅぎ》ドイツ労働《ろうどう》者党《しゃとう》）が再編成《さいへんせい》される。
一九二六年	二月十六日、長女《ちょうじょ》マルゴーがフランクフルトで誕生《たんじょう》。	九月、ドイツが国際連盟《こくさいれんめい》に加盟《かめい》。
一九二九年	六月十二日、次女《じじょ》アンネがフランクフルトで誕生《たんじょう》。	十月、世界大恐慌《せかいだいきょうこう》がはじまる。
一九三一年（二歳《さい》）	三月、一家は、フランクフルトのマルバッハ通りのアパートから、同じ市内のガングホーファー通りのアパートに引《ひ》っ越《こ》す。	九月、満州事変《まんしゅうじへん》。
一九三三年（四歳《さい》）	六月、ドイツでのユダヤ人迫害《はくがい》を逃《のが》れて、父オットーがオランダのアムステルダムへ移住《いじゅう》。母エーディトは、マルゴーとアンネをつれてアーヘンの実家《じっか》へ移《うつ》る。九月、オットー、オペクタ商会《しょうかい》の経営《けいえい》をはじめる。 十二月五日、エーディトとマルゴーがアーヘンからアムステルダムへ移住《いじゅう》。	一月、ヒトラーがドイツ首相《しゅしょう》に就任《しゅうにん》。 三月、ドイツで最初《さいしょ》の強制収容所設置《きょうせいしゅうようじょせっち》。全権委任法可決《ぜんけんいにんほうかけつ》、ヒトラーの独裁体制《どくさいたいせい》が確立《かくりつ》する。四月、ユダヤ人の商店《しょうてん》がボイコットされる。九月、文化的活動《ぶんかてきかつどう》からユダヤ人が排斥《はいせき》される。十月、ドイツが国際連盟《こくさいれんめい》を脱退《だったい》。
一九三四年（五歳《さい》）	二月、アンネがアーヘンからアムステルダムへ移住《いじゅう》、モンテッソーリ幼稚園《ようちえん》へ通いはじめる。	八月、ドイツのヒンデンブルク大統領《だいとうりょう》死亡《しぼう》。ヒトラー、総統《そうとう》に就任《しゅうにん》。

一九三五年（六歳《さい》）	九月、アンネ、モンテッソーリ小学校に入学。	三月、ドイツが再軍備《さいぐんび》を宣言《せんげん》。九月、ユダヤ人を差別《さべつ》するニュルンベルク諸《しょ》法公布《ほうこうふ》。
一九三六年（七歳《さい》）		七月、スペイン内乱《ないらん》。八月、ベルリン・オリンピック。
一九三八年（九歳《さい》）	六月、父オットーがペクタコン商会《しょうかい》を創立《そうりつ》する。この年、アンネは姉マルゴーと父とともに、いとこの住《す》むスイスへ旅行《りょこう》する。	三月、ドイツがオーストリアを併合《へいごう》。九月、ミュンヘン会談《かいだん》でチェコがドイツに割譲《かつじょう》される。十一月、ドイツ中でユダヤ人が迫害《はくがい》され、約三万人が強制収容所《きょうせいしゅうようじょ》へ送《おく》られる（「水晶《すいしょう》の夜」）。
一九三九年（十歳《さい》）	三月、アンネの母方《ははかた》の祖母《そぼ》、ローザ・ホーレンダーがアーヘンから移住《いじゅう》し、フランク家に同居《どうきょ》。	三月、ドイツ軍《ぐん》がチェコに侵攻《しんこう》。八月、独《どく》ソ不可侵条約締結《ふかしんじょうやくていけつ》。九月、ドイツ軍《ぐん》がポーランドに侵攻《しんこう》、第二次世界大戦《だいにじせかいたいせん》はじまる。
一九四〇年（十一歳《さい》）	十二月一日、オペクタ商会《しょうかい》とペクタコン商会《しょうかい》が事務所《じむしょ》をプリンセンフラハトの建物《たてもの》に移《うつ》す。	ドイツ軍《ぐん》が四月、北欧《ほくおう》に侵攻《しんこう》、五月、オランダ、ベルギーに侵攻《しんこう》、六月、パリを占領《せんりょう》。九月、日独伊三国同盟調印《にちどくいさんごくどうめいちょういん》。

西暦《せいれき》（年齢《ねんれい》）	フランク家の歩み	世界の動《うご》き
一九四一年（十二歳《さい》）	アンネと姉マルゴー、ユダヤ人学校に転校《てんこう》させられる。 アンネ、中学一年生になる。	オランダでユダヤ人迫害《じんはくがい》が強まる。六月、ドイツがソ連《れん》と開戦《かいせん》。十二月、日本軍《にほんぐん》がハワイの真珠湾《しんじゅわん》を奇襲《きしゅう》、太平洋《たいへいよう》戦争《せんそう》はじまる。ドイツ、イタリアがアメリカに宣戦布告《せんせんふこく》。
一九四二年（十三歳《さい》）	一月二十九日、アンネの祖母《そぼ》ローザが死亡《しぼう》。 六月十二日、アンネは誕生日《たんじょうび》に父からサイン帳《ちょう》を贈《おく》られ、日記《にっき》帳《ちょう》として使《つか》いはじめる。 七月五日、マルゴーにナチス親衛隊《しんえいたい》から呼《よ》び出《だ》し状《じょう》が来る。 七月六日、一家はプリンセンフラハトの隠《かく》れ家《が》に身《み》をひそめる。 同月にファン・ペルス一家が、十一月にフリッツ・プフェファーが住人《じゅうにん》に加《くわ》わる。	一月、ナチ首脳部《しゅのうぶ》がユダヤ人抹殺計画《じんまっさつけいかく》を討議《とうぎ》。六月、ミッドウェー海戦《かいせん》で日本軍大敗《にほんぐんたいはい》。アウシュビッツで最初《さいしょ》の大量《たいりょう》ガス殺戮《さつりく》。七月、オランダに住《す》むユダヤ人の、収容所《しゅうようじょ》への連行《れんこう》がはじまる。 八月、ドイツ軍《ぐん》とソ連軍《れんぐん》、スターリングラードで攻防戦《こうぼうせん》を開始《かいし》。
一九四三年（十四歳《さい》）	夏、アンネは短《みじか》い物語《ものがたり》や童話《どうわ》を書きはじめる。	一月、スターリングラードでドイツ軍《ぐん》大敗《たいはい》。九月、イタリアが連合軍《れんごうぐん》に降伏《こうふく》。
一九四四年（十五歳《さい》）	八月一日、アンネの日記が終《お》わる。八月四日、隠《かく》れ家《が》にゲシュタポが踏《ふ》みこみ、アンネたち八人は支援者《しえんしゃ》二人とともに本部《ほんぶ》に連行《れんこう》される。八月八日、八人はベステルボルク通過収容所《つうかしゅうようじょ》へ送《おく》られ、九月三日、ポーランドのアウシュビッツ強制収容所《きょうせいしゅうようじょ》へ移《い》送《そう》。十月三十日、アンネと姉マルゴーがドイツのベルゲン＝ベルゼン強制収容所《きょうせいしゅうようじょ》へ移送《いそう》される。	六月、連合軍《れんごうぐん》、フランスのノルマンディーに上陸《じょうりく》。 七月、ヒトラー暗殺未遂事件《あんさつみすいじけん》。 八月、連合軍《れんごうぐん》がパリを解放《かいほう》。

一九四五年（満《まん》十五歳《さい》）	一月、母エーディトが死亡《しぼう》。一月二十七日、ソ連軍《れんぐん》がアウシュビッツ強制収容所《きょうせいしゅうようじょ》を解放《かいほう》、父オットーが救出《きゅうしゅつ》される。三月、姉マルゴーが発疹《はっしん》チフスで死亡《しぼう》。数日後、同じ病気《びょうき》でアンネが死亡《しぼう》。六月三日、オットーがアムステルダムにもどる。	二月、ヤルタ会談《かいだん》。四月、ヒトラー自《じ》殺《さつ》。五月、ベルリン陥落《かんらく》、ドイツが降《こう》伏《ふく》。七月、ポツダム会談《かいだん》。連合軍《れんごうぐん》がオランダを解放《かいほう》。八月、広島《ひろしま》と長崎《ながさき》に原《げん》爆投下《ばくとうか》、日本が降伏《こうふく》。第《だい》二次《じ》世界大戦《せかいたいせん》終結《しゅうけつ》。十月、国際連合発足《こくさいれんごうほっそく》。十一月、ニュルンベルク裁判《さいばん》はじまる。
一九四七年	六月、オランダで『アンネの日記』出版《しゅっぱん》。	
一九四九年		五月、ドイツ連邦共和国《れんぽうきょうわこく》（西ドイツ）誕生《たんじょう》。十月、ドイツ民主共和国《みんしゅきょうわこく》（東ドイツ）誕生《たんじょう》。
一九五〇年	ドイツ、フランスで『アンネの日記』出版《しゅっぱん》。	六月、朝鮮戦争勃発《ちょうせんせんそうぼっぱつ》。
一九五二年	アメリカ、イギリス、日本で『アンネの日記』出版《しゅっぱん》。	
一九五五年	ニューヨークでの舞台上演《ぶたいじょうえん》により、『アンネの日記』が世界的《せかいてき》なベストセラーになる。	
一九六〇年	三月、プリンセンフラハトの隠《かく》れ家《が》が記念館《きねんかん》となる。	
一九八〇年	八月十九日、オットー・フランク死亡《しぼう》。九十一歳《さい》。	

著者◆キャロル・アン・リー (Carol Ann Lee)
1969年、イギリス・ヨークシャー州のウェイクフィールド市に生まれる。マンチェスター大学で美術史とデザインを学ぶ。著書に、『アンネ・フランクの生涯』(DHC刊)のほか、オットー・フランクの伝記がある。現在、夫と息子と共に、オランダのアムステルダムに住んでいる。

訳者◆橘高弓枝 (きったか ゆみえ)
広島県府中市に生まれる。同志社大学文学部英文科を卒業。訳書に、『モンゴメリ』『マザー・テレサ』『チャップリン』『ベートーベン』『シューベルト』『ビバルディ』『ドビュッシー』『ドボルザーク』『エルトン・ジョン』などがある。
編集協力◆宮田庸子
千葉園子
カバーデザイン◆大森裕二

アンネ・フランク――「隠れ家」で日記を書き続けた少女

発　行　2003年7月1刷　2015年10月4刷
著　者　キャロル・アン・リー
訳　者　橘高 弓枝
発行者　今村 正樹
発行所　株式会社偕《かい》成《せい》社《しゃ》
〒162-8450　東京都新宿区市谷砂土原町3-5
TEL 03(3260)3221(販売部)，03(3260)3229(編集部)
http://www.kaiseisha.co.jp/
印　刷
製　本　大日本印刷㈱
NDC289　186p　22cm　ISBN978-4-03-645010-7

伝記 世界を変えた人々

世界に大きく貢献した人々の伝記シリーズ。今までの伝記物語ではなく、きちんとした事実に基づいたノンフィクションの伝記です。それぞれの人の生涯史となっており、業績と人間像が、いきいきと魅力的に、わかりやすく書かれています。

■A5判 ■小学校高学年から
■平均180ページ ■収録図版50点以上
■全国学校図書館協議会選定図書

①キュリー夫人
ラジウムを発見した、放射能研究の先駆者

②キング牧師
黒人差別と闘い続けた、非暴力主義の指導者

③マザー・テレサ
世界の貧しい人々を助け続ける、愛の修道女

④ツツ大主教
南アの黒人差別、人種隔離政策と闘う大主教

⑤ナイチンゲール
近代看護制度の確立に貢献した白衣の天使

⑥ワレンバーグ
ナチスの大虐殺から10万人のユダヤ人を救った外交官

⑦シュヴァイツァー
アフリカでの医療活動に一生を捧げた医師

⑧ブライユ
目の不自由な人が読み書きできる「点字」の発明者

⑨ガンジー
非暴力主義を貫いた、インド独立運動の父

⑩パストゥール
伝染病の原因をつきとめた細菌学者

⑪ピーター・スコット
WWF（世界自然保護基金）を創立した、自然保護運動の父

⑫チャップリン
新しい喜劇を確立した映画俳優・監督

⑬ダーウィン
現代の進化論に大きな影響を与えた生物学者

⑭ヘレン・ケラー
三重苦をのりこえ、社会福祉事業につくした女性

⑮グーテンベルク
金属の活字を使う"活版印刷術"の発明者

⑯エイブラハム・リンカン
奴隷解放を実現し、民主主義を掲げたアメリカ大統領

⑰ガリレオ・ガリレイ
「地動説」を唱え、真理を追及し続けた偉大な科学者

⑱エリノア・ルーズベルト
世界人権宣言の起草に貢献したアメリカ大統領夫人

⑲アインシュタイン
相対性理論を生みだした天才物理学者

⑳夏目漱石
人間の生き方を深く追及した作家

偕成社《かいせいしゃ》 〒162-8450 東京都新宿区市谷砂土原町３－５ TEL.03（3260）3221（代表）／FAX.03（3260）3222
●お近くの書店でお求め下さい。電話・ハガキで偕成社へ直接注文もできます。